T0194465

essentials

essentials liefern aktuelles Wissen in konzentrierter Form. Die Essenz dessen, worauf es als „State-of-the-Art" in der gegenwärtigen Fachdiskussion oder in der Praxis ankommt. *essentials* informieren schnell, unkompliziert und verständlich

- als Einführung in ein aktuelles Thema aus Ihrem Fachgebiet
- als Einstieg in ein für Sie noch unbekanntes Themenfeld
- als Einblick, um zum Thema mitreden zu können

Die Bücher in elektronischer und gedruckter Form bringen das Fachwissen von Springerautor*innen kompakt zur Darstellung. Sie sind besonders für die Nutzung als eBook auf Tablet-PCs, eBook-Readern und Smartphones geeignet. *essentials* sind Wissensbausteine aus den Wirtschafts-, Sozial- und Geisteswissenschaften, aus Technik und Naturwissenschaften sowie aus Medizin, Psychologie und Gesundheitsberufen. Von renommierten Autor*innen aller Springer-Verlagsmarken.

Okka Zimmermann · Lina Kolonko

Vereinbarkeit und Schwangerschaft

Psychische Belastung durch Antizipation?

Okka Zimmermann
Technische Universität Braunschweig
Institut für Sozialwissenschaften
IU Internationale Hochschule
Campus Braunschweig
Braunschweig, Deutschland

Lina Kolonko
Hannover, Deutschland

ISSN 2197-6708   ISSN 2197-6716 (electronic)
essentials
ISBN 978-3-658-43372-7   ISBN 978-3-658-43373-4 (eBook)
https://doi.org/10.1007/978-3-658-43373-4

Die Deutsche Nationalbibliothek verzeichnet diese Publikation in der Deutschen Nationalbibliografie; detaillierte bibliografische Daten sind im Internet über http://dnb.d-nb.de abrufbar.

Planung/Lektorat: Katrin Emmerich
Springer VS ist ein Imprint der eingetragenen Gesellschaft Springer Fachmedien Wiesbaden GmbH und ist ein Teil von Springer Nature.
Die Anschrift der Gesellschaft ist: Abraham-Lincoln-Str. 46, 65189 Wiesbaden, Germany

Das Papier dieses Produkts ist recyclebar.

Was Sie in diesem *essential* finden können

- Übersicht Forschungsstand und theoretische Ansätze zu weiblichen Lebensverläufen in heterosexuellen Partnerschaften, ihre institutionellen Einbettungen, ihren Wandel und ihren Zusammenhang mit sozialen Ungleichheiten zwischen den Geschlechtern
- Übersicht über nationalen und internationalen Forschungsstand und theoretische Ansätze zu Schwangerschaft als Gegenstand sozialwissenschaftlicher Forschung, inklusive Verweise auf Ergebnisse anderer Disziplinen (z.b. Medizin)
- Darstellung eigener qualitativer Studie – Wichtigste Ergebnisse und Schlussfolgerungen:
  - Potentielle Vereinbarkeitsprobleme stellen bereits in der Schwangerschaft eine psychische Belastung dar, die durch symmetrischere Geschlechterrollen reduziert werden könnte.
  - Werdende Mütter empfinden zudem bereits in der Schwangerschaft einen großen Druck, die geplante Wiederaufnahme der Berufstätigkeit mit dem Verweis auf das Wohl des Kindes zu rechtfertigen.
  - Asymmetrische Geschlechterrollen wurden allerdings größtenteils schon vor der Schwangerschaft verhandelt, sodass entsprechende Aufklärungsmaßnahmen schon früher ansetzen müssten.
- Einordnung der Thematiken in gesellschaftliche Trends wie Individualisierung und Biographisierung und damit Einordnung in den breiteren soziologischen Diskurs

Inhaltsverzeichnis

Einleitung 1

Seit einigen Jahrzehnten untersucht die Forschung das Phänomen der Re-Traditionalisierung von Geschlechterbeziehungen (auch Re-Gendering oder Gynisierung genannt), also die deutliche Veränderung von Geschlechterbeziehungen in vielen gegengeschlechtlichen Partnerschaften mit der Geburt des ersten Kindes hin zu asymmetrischen Rollen (Bianchi et al. 2006; Grunow et al. 2007; Grunow und Evertsson 2016; Hirschauer 2019; Fox 2009; Dechant et al. 2014). Fox (2009) schlägt sogar vor, Geschlecht theoretisch so zu konzeptualisieren, dass es mit der Geburt erst entsteht, da sich erst ab diesem Zeitpunkt die sozialen Rollen von Frauen und Männern signifikant unterscheiden. Bisher gibt es noch keine eindeutigen Erkenntnisse, wie diese Phänomene zu erklären sind (Grunow und Veltkamp 2016; Müller und Zillien 2016). Sowohl ökonomische (Becker 1981; Halleröd 2005; Ott 1992) als auch kulturelle Ansätze (z. B. Doing Gender-Ansatz, West und Zimmermann 1987, 2002) werden zur Erklärung herangezogen.

Die in den letzten Dekaden entstandene Soziologie der Schwangerschaft postuliert, dass die erste Schwangerschaft bei der Entstehung und Verfestigung individueller Konzepte von Mutter- und Vaterschaft eine maßgebliche Rolle spielt (Bessett 2010; Hirschauer 2019; Sänger et al. 2013). Insbesondere Mütter sind zum ersten Mal mit konkreten gesellschaftlichen Erwartungen in Bezug auf die Sorge um ihr ungeborenes Kind konfrontiert, während Vätern eine beschützende und versorgende Funktion nahegelegt wird (Hirschauer 2019). Die Schwangerschaft umschreibe demnach den Prozess der Entstehung von Elternschaft und somit den Zeitraum zwischen „vor" und „nach" der Familiengründung, und präge daher Geschlechterkonzepte für die in Gründung befindliche Familie nachhaltig. Einige ForscherInnen gehen davon aus, dass Frauen psychisch und emotional bereits in dieser Phase zur Mutter werden (Mozygemba 2011; Niekrenz 2017) und

O. Zimmermann und L. Kolonko, *Vereinbarkeit und Schwangerschaft*, essentials, https://doi.org/10.1007/978-3-658-43373-4_1

ihre neue Rolle erstmals einüben bzw. ausfüllen. Ängste, Gefühle und Bedarfe von Frauen in der Schwangerschaft können stark von der Antizipation von Doppelbelastungen und partnerschaftlichen Konflikten nach der Geburt des Kindes geprägt sein (Malich 2017; Niekrenz 2017). Unsicherheiten, Ängste und Sorgen können allgemein durch antizipierte oder unklare Rollenerwartungen entstehen (Niekrenz 2017, S. 222) oder konkreter als Ängste vor Überforderung, Scheitern am Leitbild der *Top Mum* oder *des intensive mothering,* Rollenkonflikten und Partnerschaftskonflikten auftreten (Malich 2017).

So fanden etwa Dechant und Rinklake (2016) heraus, dass Mütter sich bereits in der Schwangerschaft davor fürchten, als „Rabenmütter" zu gelten, und hauptsächlich stark asymmetrische Geschlechterrollen anstreben, mit starker Verantwortungsübernahme für Versorgung und Erziehung des Nachwuchses durch die Frau und entsprechenden Pausen in der Erwerbstätigkeit bzw. Reduktion des Umfangs der Erwerbstätigkeit. Dies verweist darauf, dass Visionen von Geschlechterrollen und Konzepte für die Aufteilung von Haus- und Familienarbeit in jungen Familien bereits in der Schwangerschaft existieren. Dechant und Rinklake (2016) haben lediglich nach der Planung der Berufstätigkeit und der Aufteilung der Hausarbeit gefragt, jedoch nicht direkt Doppelbelastung und potentielle Vereinbarkeitskonflikte problematisiert. Zudem basierte ihre Analyse auf einer Datenerhebung von 2006 und sie haben selbst angemerkt, dass es seitdem zahlreiche relevante sozial- und familienpolitische Veränderungen gab, insbesondere mit Blick auf frühe Kinderbetreuung (Rechtsanspruch auf Betreuungsplatz ab zweitem Lebensjahr) sowie Elterngeld (12–14 Monate in voller Höhe, Rückkehr in Vollzeit sinnvoll zur Optimierung des Elterngeldes bei einem zweiten Kind).

Bisher existiert jedoch keine Forschung, die sich explizit mit der Frage beschäftigt, welche Rolle antizipierte Rollenkonflikte und Vereinbarkeitsprobleme in der Schwangerschaft spielen und wie diese die geplanten Familien- und Geschlechterrollen beeinflussen. Auch für die Annahmen über Ängste und Unsicherheiten (Malich 2017; Niekrenz 2017) gibt es bisher kein gesichertes empirisches Wissen aus Befragungen von Betroffenen; diese wurden aus theoretischen Überlegungen sowie Textanalysen abgeleitet.

Wir möchten daher mit dieser Arbeit einen Beitrag zur Soziologie der Schwangerschaft leisten, in dem wir den Einfluss antizipierter Vereinbarkeitsstrategien und -konflikte auf das Wohlbefinden der Schwangeren und ihre beruflichen Ambitionen und Pläne untersuchen. Dies ist insbesondere auch im Kontext der Nachteile relevant, die Frauen in Bezug auf berufliche Entfaltung, Aufstiegs- und Verdienstmöglichkeiten sowie materielle Sicherheit durch das in Deutschland gängige männliche Ernährermodell (Pfau-Effinger 2010) entstehen.

Die zentralen Forschungsfragen für diese Arbeit lauten:

1. *Wie* und in welchem *Ausmaß* setzen sich bereits Schwangere mit Fragen der Vereinbarkeit von Beruf und Familie nach der bevorstehenden Geburt ihres ersten Kindes auseinander?
2. Unter welchen *Voraussetzungen* und *warum* erscheint Austragenden die antizipierte Kombination von Beruf und familiärer Verantwortung so problematisch, dass diese Vorausschau bereits in der Schwangerschaft eine *psychische Belastung* darstellt?

Zur Beantwortung der Forschungsfragen wurden qualitative, problemzentrierte, semi-strukturierte Interviews mit Schwangeren zu ihren Erwartungen in Bezug auf die Zeit nach der Geburt geführt und mit der Methode der qualitativen Inhaltsanalyse ausgewertet. In den Interviews wurde als Grundlage das Ausmaß der bereits erfolgten Auseinandersetzung mit der bevorstehenden Doppelbelastung und dem potentiell bestehenden Vereinbarkeitsproblem thematisiert, ebenso wie prognostizierte Rollenkonflikte und antizipierte Belastungen. Außerdem wurden individuelle Formen der Auseinandersetzung reflektiert und analysiert. Es wurde ein qualitatives Analysedesign gewählt, um das Erleben und Denken der schwangeren Frauen möglichst unvoreingenommen zu erfassen.

Theoretische Einbettung und Forschungsstand

Der fortschreitende Wandel familialer Lebensrealitäten (u. a. aufgrund der zunehmenden Erwerbsbeteiligung von Frauen) führt dazu, dass eine Familie theoretisch meist eher weit gefasst wird „als gemeinsame Lebens- und Wohnform von Erwachsenen und Kind(ern)" (Kortendiek 2005, S. 442). Innerhalb dieser tendenziell durchlässiger werdenden familiären Strukturen hat sich vor allen Dingen die Rolle der Mutter gewandelt. Eine herausragendere Rolle spielen dabei fortschreitende Individualisierungsprozesse (Beck 1983, 1986), die Pluralisierung von Lebensformen sowie der Anspruch und Druck, die eigene Biographie nach den eigenen Wünschen und Bedürfnissen zu gestalten (Kohli 1985; Schwiter 2007). Gleichzeitig übt das immer noch weit verbreitete Leitbild einer „guten Mutter" (Diabaté 2015, 2021; Mundlos 2013) Druck aus und drängt auf sozial angepasstes, konformes Verhalten.

In Deutschland ist aufgrund des starken Einflusses des männlichen Ernährermodells die Segregation von Geschlechterrollen im internationalen Vergleich besonders stark ausgeprägt (Aisenbrey et al. 2009; Trappe et al. 2015). Dabei entwickelte sich das ursprüngliche starke Ernährermodell (Väter als Alleinverdiener mit Familienlohn, dominant in den 1950er und -60er Jahren) aus verschiedenen Gründen zum modernisierten Ernährermodell (Vater arbeitet Vollzeit, Mutter Teilzeit; Mutter hat die Verantwortung für Familie, Vater unterstützt; Pfau-Effinger 2000). Viele Studien zeigen entsprechend, dass im Vergleich Mütter mehr Haus- und Care-Arbeit übernehmen als Väter und daher eher unter Doppelbelastung leiden, wenn beide Elternteile berufstätig sind (z. B. von Alemann et al. 2017; Lott 2019; Kurowska 2020). Zudem ist belegt, dass Frauen bereits in der Jugend potentielle Vereinbarkeit in der Lebensplanung berücksichtigen, z. B. bei der Berufswahl (Geissler und Oechsle 1996; Oechsle 2009).

© Der/die Autor(en), exklusiv lizenziert an Springer Fachmedien Wiesbaden GmbH, ein Teil von Springer Nature 2023
O. Zimmermann und L. Kolonko, *Vereinbarkeit und Schwangerschaft*, essentials,
https://doi.org/10.1007/978-3-658-43373-4_2

In Folge der steigenden weiblichen Erwerbsquote (Statistisches Bundesamt 2019) sehen sich zunehmend mehr Frauen mit der Vereinbarkeitsproblematik konfrontiert und finden im Rahmen unterschiedlicher Handlungsorientierungen verschiedene Lösungen, Aufgaben und Verantwortung als Mutter und Arbeitnehmerin gleichzeitig gerecht zu werden (z. B. Geissler und Oechsle 1996; Grunow und Evertsson 2016; Woltersdorf 2013). Durch die zunehmende Erwerbstätigkeit von Frauen und Müttern bei gleichbleibend hoher oder nur langsam abnehmender Verantwortung im privaten Bereich entsteht nicht nur eine zeitliche Überlastung und Unvereinbarkeit, sondern auch ein schlechtes Gewissen, da Rollen nicht erfüllt werden können, sowie ein permanenter Druck zur perfekten Selbst(-re-)organisation (von Alemann und Oechsle 2015; Schütze 1991; Badinter 1993; Schneider et al. 2015; Sichtermann 1993; Zimmermann 2019).

2.1 Weibliche Lebensverläufe zwischen Selbst- und Fremdbestimmung

Bezogen auf die Lebensverläufe von Frauen deutet diese Entwicklung darauf hin, dass sich neue und verschiedenartige Leitbilder und Handlungsorientierungen herausbilden, die parallel nebeneinander und neben traditionellen Leitbildern stehen (Beck-Gernsheim 1996; Geissler und Oechsle 1996; Diabeté 2015). Theorien zu Individualisierung und Biographisierung nehmen an, dass standardisierte Muster und Rollenvorgaben zumindest in der Wahrnehmung der Individuen zunehmend von einem individualisierten Lebensplan, der eigenen Interessen und Bedürfnissen innerhalb der vorgegebenen Rahmenbedingungen folgt, abgelöst werden (Beck 1986; Kohli 1985; Schwiter 2007). Die individuelle Lebensplanung der Frau befindet sich dabei in einem Spannungsfeld zwischen eigener Selbstverwirklichung und der Erfüllung gesellschaftlicher Erwartungen. Dabei fällt die Verhandlung von Konzepten der Vereinbarkeit von Familie und beruflicher Tätigkeit innerhalb potenziell neoliberaler Strukturen primär in die Selbstverantwortung der Individuen: „Es besteht nicht nur eine Dialektik zwischen Diversifizierung und Wahlzwang, sondern die Wahlmöglichkeiten sind immer auch privat zu verantwortende" (Woltersdorff 2013, S. 610). Die doppelte Vergesellschaftung der Frau (durch Familie und Erwerbsarbeit) erfordert von ihr Entscheidungen, die beide Lebensbereiche sowie deren potentielle Kombination, Verschränkung oder (Un)Vereinbarkeit berücksichtigen. In der Folge ist es jungen Frauen bereits bei ihrer Ausbildungs- und Berufswahl sehr wichtig, dass ihre zukünftige Tätigkeit mit späteren Familienaufgaben vereinbar ist (Beck-Gernsheim 1996; Geissler und Oechsle 1996; Woltersdorff 2013). Auch danach und davor wird bei wichtigen Lebensentscheidungen immer berücksichtigt, ob die Entscheidung(en) eine Elternschaft (eher) begünstigen und erleichtern oder verhindern und erschweren (Schwiter 2007).

Die Forderung nach Selbstbestimmung wird nach Mendel (2017, S. 35) vor allem durch das Zusammenspiel von „[…] Leistungsanforderungen im Namen der Natürlichkeit […]" erschwert; die Aufteilung von Sorgetätigkeiten entlang von Geschlechterrollen wird naturalisiert, als individuelle Entscheidung deklariert und nicht als Ergebnis von gesellschaftlichen Normen, Machtverhältnissen und Aushandlungsprozessen betrachtet. Es entsteht ein komplexes Bild vielschichtiger, in verschiedene Richtungen formulierter Erwartungen, welche letztlich unterschiedlichen Einfluss auf das individuelle Empfinden, Handeln und Denken von Frauen und Müttern haben können. Die unterschiedlichen Erwartungen zwingen Frauen und Mütter zur frühzeitigen und lebenslangen Auseinandersetzung und es gibt kaum eine Möglichkeit, einen konflikt- und widerspruchsfreien Weg zu wählen.

Paare, die finanziell abgesichert sind, über einen ähnlichen Bildungsgrad und ähnliches Einkommen verfügen, sind nach aktuellen Ergebnissen am ehesten in der Lage, sich von traditionellen Geschlechterrollen und finanziellen Anreizsystemen zu emanzipieren (Evertsson und Grunow 2016). Jedoch zeigen Befunde von Dechant und Rinklake (2016), dass selbst unter diesen Paaren die Verantwortung für die Kinderbetreuung der Frau zugeschrieben wird; die werdenden Väter wollen nur selten die Berufstätigkeit aussetzen oder reduzieren, während dies für werdende Mütter selbstverständlich erscheint. Die Autorinnen konnten damit zeigen, dass selbst hochgebildete Frauen mit qualifizierter Tätigkeit und gutem Einkommen zum größten Teil eine eher traditionelle Arbeitsteilung mit größerem Verantwortungsanteil für Familie bei sich selbst anstreben. Sie heben aber hervor, dass seit ihrer Datenerhebung eine Reihe von sozialpolitischen Maßnahmen (Elterngeld, Anspruch auf Krippenplatz) die Rahmenbedingungen für Elternschaft in Deutschland stark verändert haben und eine erneute Erhebung unter Berücksichtigung dieser veränderten Rahmenbedingungen sinnvoll wäre.

Es ist dabei davon auszugehen, dass sich der Prozess der Auseinandersetzung mit der bevorstehenden Vereinbarkeit während der Schwangerschaft zuspitzt. Es erscheint naheliegend, dass während der Schwangerschaft bereits vorliegende Handlungsorientierungen in Bezug auf Vereinbarkeit weiterentwickelt und verfestigt werden, was sich u. a. in der Veränderung und Planung von Geschlechterrollen für die familiäre Lebenszeit zeigt (Hirschauer 2019). Bereits in der Schwangerschaft werden Frauen mit kulturellen Normen in Bezug auf adäquates Verhalten und Sorge konfrontiert. Durch die Technologisierung und Professionalisierung der Schwangerschaft werden sie zudem in eine passive Rolle gedrängt

(Sänger et al. 2013). Der Handlungsrahmen ist dabei nicht allein durch strukturelle Rahmenbedingungen bestimmt, auch selbstdefinierte familiäre Erfordernisse (z. B. regelmäßige gemeinsame Aktivitäten oder Mahlzeiten) gehören dazu.

2.2　Schwangerschaft als sozialwissenschaftlicher Forschungsgegenstand

Die Erforschung der Schwangerschaft wurde soziologisch lange vernachlässigt, sie wurde der Medizin und naturwissenschaftlichen Disziplinen überlassen (Hirschauer et al. 2014). Im deutschsprachigen Raum wurden erst in der letzten Dekade Veröffentlichungen vorgelegt, die Schwangerschaft als soziales Phänomen betrachten (z. B. Schadler 2013; Hirschauer et al. 2014; Sänger et al. 2013; Villa et al. 2011); im internationalen Kontext begann die Auseinandersetzung etwas früher (z. B. Fox 2009). Die Schwangerschaft wird damit als relevante Lebensphase in der Soziologie und der Geschlechterforschung erst seit knapp zwei Dekaden thematisiert (Hirschauer et al. 2014; Schadler 2013; Müller und Zillien 2016, 2022; Rose 2022). Insbesondere die erste Schwangerschaft gilt seitdem nicht nur als wichtiger Bestandteil, Umbruchsphase, Schlüsselerlebnis und Statuswechsel in weiblichen Lebensläufen (Niekrenz 2017, S. 217) sondern auch als Phase, in der sich Geschlechterrollen potentiell ausdifferenzieren oder bilden (Hirschauer 2019; Fox 2009; Schadler 2013). Es wird angenommen, dass eine Neuverhandlung und Neuausrichtung von Geschlechterrollen stattfindet, deren Ergebnisse oft als Re-Traditionalisierung von Geschlechterrollen oder Regendering bezeichnet werden (vgl. Dechant et al. 2014; Hirschauer 2013, 2019). Geschlechterrollen würden im Zuge dieses Prozesses stärker asymmetrisch definiert. Fox (2009) postuliert zugespitzter, dass Geschlecht im Übergang zur Elternschaft erst kreiert wird, da sich die sozialen Rollen von Frauen und Männer erst mit dem Übergang zur Elternschaft stark zu unterscheiden beginnen.

　　Die sozialwissenschaftliche Konzeption der Schwangerschaft als ‚kollektiver Erwartungszustand' (Hirschauer 2013, 2019) bietet dabei den Rahmen, um die neu zu entwerfenden familiären Strukturen und Vereinbarkeitsmuster zu antizipieren. Hinter der sozialen Schwangerschaft (Hirschauer 2013, 2019) verbirgt sich die Annahme, dass „[...] die Befruchtung als eine Zutat in einem längeren Prozess mit vielen Teilnehmern zu verstehen [ist]" (Hirschauer et al. 2014, S. 266). Es entsteht ein komplexes Erwartungsgefüge zwischen der werdenden Mutter, dem Partner sowie dem sozialen Umfeld des Paares – „Kurz: eine Schwängerung ist ein Vorgang, der nicht nur zwischen zwei Personen stattfindet" (Hirschauer et al. 2014, S. 267). Es findet stattdessen eine *„konzeptionelle Dezentrierung"* der

Schwangeren (Hirschauer et al. 2014, S. 268, Herv. im Orig.) statt: Es dominiert das antizipierte Verantwortungsgefühl gegenüber dem ungeborenen Kind, dem persönlichen Umfeld der Schwangeren und des Partners, dem Arbeitgeber sowie der Gesellschaft. Selbstfürsorge der Schwangeren tritt dabei in den Hintergrund.

Spätestens mit der Bestätigung der Schwangerschaft durch eine/n GynäkologIn wird eine ‚Krise' ausgelöst (Hirschauer 2015; Niekrenz 2017), in der eingelebte Routinen und Prinzipien der Alltagsgestaltung zunächst ins Wanken geraten und dann neu geordnet werden müssen. Gleichzeitig gibt es bereits für die Phase der Schwangerschaft kulturell normierte Anforderungsprofile vor allen Dingen für Mütter, die sich unter anderem in adäquaten Gefühlen, Sorge und passender Lebensführung als Ausdruck aufmerksamer und schützender pränataler Mütterlichkeit zeigen (Sänger et al. 2013) und an Ideale des *intensive mothering* (Hays 1996) erinnern. In der Schwangerschaft werde damit die Mutterrolle mit der Fokussierung auf das Ungeborene, katalysiert durch die Technologisierung und Professionalisierung der Begleitung in dieser Lebensphase als passive Rolle nahegelegt (Hirschauer 2019; Vinken 2001; Sänger et al. 2013), in der Mütter sich der Obhut von ExpertInnen anvertrauen sollen (Hirschauer 2019; Vinken 2001; Sänger et al. 2013). Schwangerschaft werde zudem ‚hormonalisiert', also primär aus medizinischem Blickwinkel betrachtet und als von Hormonen bestimmt dargestellt (Malich 2017): Die Gefühle, Ängste und Bedarfe der Schwangeren, auch mit Blick auf potentielle Vereinbarkeitsprobleme und Partnerschaftskonflikte um Geschlechterrollen werden damit bagatellisiert und auf hormonelle Einflüsse zurückgeführt. Damit wird ein Diskurs und eine Politisierung dieser Thematiken verhindert; Vereinbarkeit erscheint (wie auch in anderen Kontexten) neoliberal als Aufgabe und Zeichen individueller Leistungsfähigkeit.

Frauen obliegen bereits in der Schwangerschaft vielfältige Bildungsaufgaben im Kontext von Ernährung und Fürsorge (Rose 2022), die sie bereits früh in den Dienst der Familie stellen und ihre Rolle als primäre Fürsorgerin in der Familie vorbereiten (Geissler und Oechsle 1996). Damit wird die Schwangerschaft in neoliberale Eigenverantwortung „zwischen Freiheit und Verantwortungsdruck" gestellt (Rose 2022, S. 11) und folgt „ökonomisierten Logiken" (Villa et al. 2011, S. 12). Müller und Zilien (2016, 2022) zeigen, dass in Geburtsvorbereitungskursen durch Naturalisierung bereits pränatal eine geschlechterdifferenzierte Arbeitsteilung nahegelegt wird, und interpretieren diese Kurse daher als Institution der Retraditionalisierung.

Die Schwangere wird damit darauf vorbereitet, als Mutter gerade in der ersten Zeit nach der Geburt eines Kindes fremdbestimmt leben zu müssen (Herwartz-Emden 1995), da die Mutterschaft (zumindest in der in Deutschland kulturell geprägten Form) die volle Hingabe der Frau an das Kind erfordert (Mendel 2017).

Gleichzeitig wird die werdende Mutter oft von ihrem Arbeitgeber und anderen Institutionen dazu gedrängt, die Elternzeit, deren Finanzierung oder ihren Wiedereinstieg in das Berufsleben bereits vorausschauend festzulegen. Der Mangel an Kinderbetreuungsmöglichkeiten in den meisten Regionen macht frühzeitige Entscheidungen und Bemühungen auch in diesem Bereich notwendig. So sehen sich Frauen bereits in der Schwangerschaft mit unterschiedlichen Erwartungen und Erfordernissen in Bezug auf die Planung der Mutterschaft konfrontiert, die nur individuell auszubalancieren sind und Vereinbarkeit von Beruf und Kinderbetreuung gedanklich vorwegnehmen. Die vorangegangene Selbstselektion in eine Partnerschaft, einen Beruf, ein soziales Umfeld und eine Wohnumgebung wird dabei zur strukturellen Gegebenheit, innerhalb derer neue Routinen und Alltagsgestaltungen entwickelt werden müssen (Hirschauer et al. 2014).

Zudem wirkt das Umfeld, insbesondere das nahe familiale Umfeld, mit zunehmender Bekanntheit und Sichtbarkeit der Schwangerschaft normierend auf Verhaltensweisen der Schwangeren ein, z. B. mit Bezug auf Sport, Ernährung, Arbeit und Schlaf (Niekrenz 2017). Daraus leitet sich eine intensive Selbstbeobachtung des eigenen Körpers durch die Schwangere ab (Hirschauer et al. 2014). Niekrenz (2017) nimmt an, dass diese Form der sozialen Kontrolle aufgrund von Unsicherheiten in Bezug auf den Schwangerschaftsverlauf, die Kindesentwicklung, die Geburt und (zukünftige) Rollenerwartungen an die werdende Mutter entsteht. Schwangerschaft findet darum im Modus der Demonstration statt (Hornuff 2017), um die Erfüllung moralischer und stilistischer Imperative für alle sichtbar zu machen und mögliche Zweifel im Keim zu ersticken.

Die allgemeine De-Thematisierung des weiblichen Körpers im Zuge der Modernisierung wird in diesem Kontext umgekehrt und ersetzt durch eine professionell gesteuerte, intensive Beobachtung (Duden 1991; Niekrenz 2017; Malich 2017). Medizinisch wird dabei eine zu erfüllende Normalität konstruiert und Abweichung als Risiko entworfen, die es aufzudecken und nach Möglichkeit zu beheben gilt (Beck-Gernsheim 1996; Niekrenz 2017; Ettore 2009). Dieser Prozess wird in der Schwangerschaft intensiviert, betrifft aber auch andere Lebensphasen, die mit der weiblichen Reproduktion verbunden sind (z. B. Pubertät, Wechseljahre, Kolip 2000); auch hier werden individuelle Werte und Entwicklungsprozesse mit Normwerten verglichen und dadurch Normalität und Behandlungsbedürftigkeit konstruiert.

Mozygemba (2011) schlussfolgert, dass Frauen schon vor der Geburt Mutter werden, also im Verlauf der Schwangerschaft psychisch den Übergang in die Elternschaft bereits vollziehen und daher auch bereits Verhaltensänderungen zeigen. Dieser Effekt ist bei erwünschten Schwangerschaften stärker als bei unerwünschten und drückt sich z. B. in einem verantwortungsvolleren, am

Kindeswohl orientierten Umgang mit dem eigenen Körper aus (Hornuff 2014; Maier 2000). Bildgebungsverfahren verstärken den Effekt, da sie den Embryo als eigenes, körperliches Subjekt erscheinen lassen, nicht nur durch seine visuelle Darstellung auf Bildschirm oder Ausdruck, die als Foto interpretiert werden, sondern insbesondere auch durch die begleitenden Erläuterungen von ÄrztInnen (Hampe 1997; Sänger 2010; Tegethoff 2011; Heimerl 2013). Die Frau wird dadurch zu einem ‚Dividuum‘ (Hirschauer et al. 2014, S. 277) oder einer ‚Zweiheit‘ (Niekrenz 2017, S. 226) und ist nicht mehr nur für sich selbst zuständig.

Der Druck auf die Frau manifestiert sich äußerlich durch vorbereitende Tätigkeiten wie Wohnungswechsel, Einrichtung des Kinderzimmers, Kauf von Kinderwagen und -sitz und sonstiger Ausrüstung, die auch Teil der Konstruktion einer neuen Wirklichkeit in Schwangerschaft und für Elternschaft sind (Schadler 2013). Villa, Moebius und Thiessen (2011) interpretieren diese Rituale als Aspekte von *Doing Family*, das damit von den werdenden Eltern erstmals ausprobiert bzw. eingeübt wird. Die Schwangerschaft wird in diesem Zuge akzeptiert, angeeignet und geplant. Erst durch derartige Kommunikationen und Aktionen rund um die Schwangerschaft wird die Schwangerschaft zu einer sozialen Tatsache, die ein von der medizinischen Tatsache unabhängiges Eigenleben entwickelt (Hirschauer et al. 2014).

Daten und Methoden 3

3.1 Datenerhebung

Da wenig Vorwissen über den Forschungsgegenstand vorliegt und die Forschungsfragen dementsprechend offen sind, wurde ein qualitativer Forschungsansatz gewählt. Um eine an den Relevanzsystemen der Schwangeren orientierte Erhebung zu gewährleisten, wurden die Erwartungen der Schwangeren an die Vereinbarkeit von Mutterschaft und Beruf relativ frei (explorativ) erhoben. Diese ermöglichte die Identifikation potenzieller Ambivalenzen und Widersprüchlichkeiten und erlaubt Rückschlüsse auf die Prioritätensetzung der Interviewten (Witzel 2000). Es wurden daher elf qualitative problemzentrierte Interviews mit Schwangeren durchgeführt. Das problemzentrierte Interview nach Witzel (2000) ermöglichte es, eine offene, explorative Grundhaltung mit einer Verdichtung auf die relevanten Problemfelder zu verbinden (Lamnek und Krell 2016).

Entsprechend der Vorschläge von Witzel (2000) wurden die Elemente Kurzfragebogen, Leitfaden, Aufzeichnung des Gesprächs sowie Postskript genutzt. Der Kurzfragebogen umfasste soziodemographische (Alter, Familienstand, höchster Bildungsabschluss) und projektspezifische Rahmendaten (Daten zur Schwangerschaft, zur eigenen beruflichen Tätigkeit und geleisteten Arbeitszeit sowie der des Partners) mit klassischem Frage-Antwort-Schema zur Ermittlung bedeutsamer Sample-Charakteristika. Die Zustimmung zur Teilnahme unter den hier dargelegten Bedingungen wurde auf einer Zustimmungserklärung festgehalten und die Zusicherung der Anonymität im Rahmen der Ergebnisauswertung anhand einer Vertraulichkeitserklärung zugesichert.

Um die Vergleichbarkeit und thematische Fokussierung des eigentlichen Gesprächs sicherzustellen, wurde ein Leitfaden genutzt. Jeder der vier thematischen Blöcke wurde mit einer bewusst offenen, thematisch passenden

O. Zimmermann und L. Kolonko, *Vereinbarkeit und Schwangerschaft*, essentials, https://doi.org/10.1007/978-3-658-43373-4_3

Einleitungsfrage begonnen. Nach Beendigung der einleitenden Erzählung wurden ausgelassene, aber für die Forschungsthematik inhaltlich relevante Aspekte durch Nachfragen ergänzt. Dazu enthält der Leitfaden entsprechende Formulierungsbeispiele und Listen mit möglichen zu erfragenden Aspekten.

Es wurden sechs Interviews im dritten Quartal des Jahres 2020 als ‚Outdoor'-Interviews (im privaten Kontext auf Terrasse, Balkon oder im Garten) durchgeführt und vorläufig ausgewertet. Nach einer Reflexion der Ergebnisse und geringfügigen Anpassungen der Interviewmaterialien folgten fünf weitere qualitative Befragungen im Dezember 2020 und Januar 2021 (zwei ‚Outdoor'-Interviews, drei Online-Interviews). Potenzielle Auswirkungen aufgrund des pandemiebedingten Wechsels auf ein Onlineformat wurden dabei nicht festgestellt.

Der Kontakt zu den werdenden Müttern wurde über eine Hebamme hergestellt. Da letztere ihre KlientInnen duzt, wurde diese Form der Ansprache nach Absprache mit den Interviewpartnerinnen übernommen. Dies half, eine Vertrauensbasis zwischen Forscherin und Interviewten zu schaffen, die den Befragten im Rahmen einer natürlichen und angenehmen Gesprächsatmosphäre die Thematisierung persönlicher, sensibler Problemstellungen erleichterte und zur Offenlegung sämtlicher subjektiver Wahrnehmungen, Wünsche und Sorgen einlud.

3.2   Sample

Das Sample umfasste elf schwangere Frauen, die vor dem Mutterschutz berufstätig waren. Es wurden Austragende mit relativ hohem Bildungsstand ausgewählt, da bei diesen eine starke Orientierung hin auf eine berufliche Tätigkeit nach der Geburt sowie eine entsprechende finanzielle Sicherheit für verschiedene Gestaltungsmöglichkeiten vermutet werden (vgl. Grunow & Veltkamp 2016; Dechant und Rinklake 2016). Selbstständig tätige Frauen wurden aus der Stichprobe ausgeschlossen, um eine tendenziell ähnliche berufliche Ausgangssituation zu gewährleisten.

Der Kreis der Befragten wurde zudem auf Frauen beschränkt, die ihr erstes Kind erwarteten und sich mindestens im vierten Schwangerschaftsmonat/der 16. Schwangerschaftswoche befanden. Zuvor gilt die Gefahr eines Abganges als tendenziell erhöht und eine begrenzte und von mehr Unsicherheiten geprägte persönliche Auseinandersetzung mit der Schwangerschaft ist zu vermuten. Es wurden nur Mütter ausgewählt, bei denen der Partner bzw. der Vater des Kindes im gleichen Haushalt lebt, sodass auch hier eine ähnliche Ausgangssituation für alle Befragten gegeben ist. Außerdem erlaubt diese Begrenzung eine vertiefte Analyse der Rolle des Partners für die erwartete Vereinbarkeit über alle

Interviews hinweg. Zudem wurden Frauen ausgewählt, die zum Zeitpunkt der Befragung keinen Schwangerschaftsabbruch in Erwägung zogen; hauptsächlich handelte es sich um erwünschte und geplante Schwangerschaften.

Die Hebamme, die den Kontakt herstellte, wurde im Voraus über die relevanten Charakteristika informiert, sodass anhand bereits vorliegender Informationen ein Ausschluss derjenigen Schwangeren, die nicht in das beschriebene Sample passten, erfolgen konnte und eine gezieltere Ansprache möglich war. Das Sample umfasst Frauen im Alter zwischen 27 und 36 Jahren und befindet sich in derselben Lebensphase bzw. besitzt ähnlich viel Lebenserfahrung. Die meisten Frauen sind mit dem Vater des erwarteten Kindes verheiratet/verlobt. Sie befanden sich zum Zeitpunkt der Befragung zwischen dem vierten und achten Schwangerschaftsmonat.

Die Schwangeren sind in unterschiedlichen Branchen und Tätigkeitsfeldern beschäftigt, verfügen aber alle über ein vergleichsweise krisensicheres Einkommen in verlässlichen Arbeitsumfeldern. Sie üben Berufe aus, die einen Ausbildungsabschluss (Operationstechnische Assistentin, Justizobersekretärin, Polizistin, Sachbearbeiterin) oder ein Studium (Sporttherapeutin, Biologin, Marketingleiterin, Mitarbeiterin Marketing, Projektleitung Forschung, Anwältin) erfordern. Mit drei promovierten Frauen weist ein verhältnismäßig großer Anteil des Samples einen sehr hohen Bildungsgrad mit einer vermuteten entsprechend hohen beruflichen Orientierung und Motivation (nicht explizit erfasst) auf.

3.3 Auswertungsmethodik: Inhaltlich strukturierende Inhaltsanalyse

Die Interviews wurden aufgenommen (nur Audio) und anschließend unter Einhaltung des inhaltlich-semantischen Transkriptionssystems nach Dresing und Pehl (2015, S. 21 f.) in f4 transkribiert. Die Auswertung der Abschriften orientiert sich an der inhaltlich strukturierenden qualitativen Inhaltsanalyse nach Mayring (2015) in Anlehnung an das Ablaufschema nach Kuckartz (2016, S. 100) mit Codierung in MAXQDA. Dazu wurden in einem ersten Schritt thematisch relevante Abschnitte markiert, um daraus sieben thematische Hauptkategorien (siehe Überschriften in der Ergebnisdarstellung) zu bilden, die bei der Anwendung auf das Material noch geringfügig angepasst wurden. Anhand großzügiger Codierungen bleiben auch verschachtelte bzw. sich inhaltlich überlappende Codings nachvollziehbar (Kuckartz 2016, S. 103 f.). Sämtliche Textpassagen einer Hauptkategorie wurden nun erneut gesichtet und thematisch selektiert, um ableitend Subkategorien zu bilden (induktive Kategorienbildung). Letztere wurden danach hinsichtlich ihrer Relevanz gefiltert, differenziert bzw. verdichtet und abschließend geordnet.

Ergebnisse 4

Die Ergebnisdarstellung orientiert sich an den Kategorien der qualitativen Inhaltsanalyse nach Mayring (2015). Wir beginnen die Darstellung mit den Themen, die den beruflichen Kontext betreffen, da ein sicherer Arbeitsplatz für die meisten befragten Frauen eine Voraussetzung für eine Schwangerschaft war, um später Beruf und Familie risikofrei vereinbaren zu können. Diese Aspekte standen somit, wie aus der Literatur (Geissler und Oechsle 1996) und aus den Interviews deutlich wurde, im Lebensverlauf zu Beginn der Überlegungen. Es folgen Überlegungen zu den Voraussetzungen von Vereinbarkeit und den konkreten Planungen zu Elternzeit, zukünftiger beruflicher Tätigkeit, Arbeitsteilung sowie Mutter- und Vaterrolle.

4.1 Bedeutung des Berufes

Grundlage von Vereinbarkeit ist die Eingebundenheit in unterschiedliche Lebensbereiche, wobei Familie und Arbeit bzw. Beruf bei Eltern in der Regel die wichtigsten Bereiche darstellen. Der Beruf ist für alle werdenden Mütter unseres Samples bedeutsam, u. a. um die eigene Identität nicht auf das Muttersein zu begrenzen und weiterhin auch intellektuell gefordert und gesellschaftlich integriert zu sein. In Abgrenzung zur Rolle als Austragende sowie der bevorstehenden Rolle als Mutter ist den Schwangeren damit auch die Fortsetzung der bisherigen Rolle im Beruf wichtig:

© Der/die Autor(en), exklusiv lizenziert an Springer Fachmedien Wiesbaden GmbH, ein Teil von Springer Nature 2023
O. Zimmermann und L. Kolonko, *Vereinbarkeit und Schwangerschaft*, essentials, https://doi.org/10.1007/978-3-658-43373-4_4

„Also ich möchte eigentlich relativ schnell wieder in den Beruf einsteigen, weil es mir auch Spaß macht und weil ich genau weiß, dass es mir fehlen wird, nicht zu arbeiten. Also so rund um die Uhr zuhause zu sein und mich um das tollste Wesen der Welt mit Sicherheit zu kümmern, aber ja (...) vom Kopf her nicht mehr gefordert zu sein ist, glaube ich irgendwas, was mich auch auf Dauer sehr belastend sein wird. Von daher möchte ich auch gerne, ohne dass ich Druck von meinem Arbeitgeber habe, das ist überhaupt nicht so, aber ich, für mich, möchte einfach gerne möglichst, nicht sehr schnell, aber möglichst schnell wieder in den Beruf einsteigen" (Int. 11, 42, 6. SSM)

„[...] einfach irgendwas [zu] machen [...] sodass ich eine Arbeit noch habe nebenbei und etwas habe neben dem Kind, neben dem Mama-sein, wofür ich mich dann engagieren könnte [...]" (Int. 07, 77, 6. SSM).

Dabei streben sie größtenteils eine inhaltliche Kontinuität an: „[...] das Gleiche wie vorher quasi nur die Hälfte" (Int. 06, 96, 7. SSM). Nicht alle Befragten haben aber bereits eine detaillierte Absprache mit dem Arbeitgeber vorgenommen (z. B. Int. 02, 89, 8. SSM). Manche Frauen gestehen dem Arbeitgeber große Freiheiten zu mit dem Verweis, das zukünftige Tätigkeitsfeld sei „[...] immer ja auch abhängig von der Personalsituation [...] und wie die Abteilung an sich besetzt ist" (Int. 04, 68, 4. SSM).

Je länger die geplante Erwerbsunterbrechung ist, desto weniger bedeutsam erscheinen die Inhalte der Tätigkeit im Vergleich zum Aspekt der finanziellen Absicherung und Ermöglichung individueller Freiheiten, aber auch dem Willen, einen Beitrag zum Familienwohl zu leisten. Um dies zu betonen, umschreiben die Befragten die mit Kind tendenziell steigenden Grundkosten (z. B. durch die Finanzierung eines Eigenheims, die Inanspruchnahme von Kinderbetreuung), sodass „[...] von daher [...] eigentlich klar [ist], dass ich doch relativ schnell wieder arbeiten gehen möchte [...]" (Int. 03, 46, 5. SSM). Insbesondere der Erhalt des Wohlstandsniveaus spielt hier bei vielen eine Rolle, symbolisiert durch Wohnraum bzw. -eigentum und die damit allgemein verbundenen Lebensumstände, die dem Kind zur geboten werden:

„[...] aber auf der anderen Seite, wenn man sich dafür entscheidet einem Kind ein gewisses Leben bieten zu wollen, also man hat zum Beispiel ein Haus, dann muss das auch bezahlt werden, sprich man muss auch arbeiten gehen" (Int. 07, 45, 6. SSM)

„Ich werde sicherlich arbeiten nicht um eine gute Mutter zu sein, sondern um das Haus zu halten, was ja letztendlich auch vielleicht ein Stück weit breitgegriffen gute Mutter ist, wenn man ein schönes Zuhause bieten kann und gute Rahmenbedingungen für Entwicklung" (Int. 03, 64, 5. SSM)

In den beiden Zitaten verteidigen die Schwangeren ihre geplante Berufstätigkeit bereits indirekt anhand er Kindesinteressen, da die Berufstätigkeit der Finanzierung eines geeigneten Lebensumfeldes für das Kind dient. Noch deutlicher wird dies bei dem folgenden Zitat, in dem die eigenen Bedarfe als instrumentell für das Kindeswohl dargestellt werden:

> „[..] aber ich denke schon, dass wenn man einen Beruf hat, der einem Spaß macht, es für alle Beteiligten und auch für die Mutter-Kind-Beziehung besser ist, wenn die Mutter arbeiten gehen kann weil es etwas ist, was sie selbst erfüllt, glücklicher macht und ähm dann ja auch (...) eine bessere Mutter werden lässt, einfach weil es ihr gut geht" (Int. 11, 62, 6. SSM)

Die meisten Schwangeren rechtfertigen bzw. begründen ihre geplante Berufstätigkeit damit also aus Sicht des Familien- bzw. Kindeswohls. Nur vereinzelt kommt auch Selbstfürsorge zur Sprache:

> „[...] ich muss für mich auch immer so mein eigenes Geld verdienen und die Sachen, die ich mir kaufe, weil ich will halt nicht, dass mein Mann mir die kauft, sondern dass ich mir die kaufe, weil ich da dafür gearbeitet habe" (Int. 01, 60, 6. SSM)

Es wird damit eindeutig belegt, dass eine Auseinandersetzung mit der Bedeutung und dem Zusammenspiel unterschiedlicher Rollen im zukünftigen Leben bereits in der Schwangerschaft stattfindet. Im Einklang mit dem traditionellen Ernährermodell, in dem Müttern primär Haus- und Sorgearbeit zugewiesen wird, rechtfertigen sie ihre geplante Berufstätigkeit mit dem Familienwohl.

4.2   Sicherer Arbeitsplatz

Die große Bedeutung des Berufes für die bereits erfolgte Lebens- und Familienplanung zeigt sich auch darin, dass ein sicherer Arbeitsplatz als eine zwingende Voraussetzung empfunden wurde, bevor eine Schwangerschaft in Betracht gezogen wurde:

> „Also ich würde niemals sozusagen eine Schwangerschaft wollen, wenn ich kein geregeltes Arbeitsverhältnis hab' und auch nicht Sicherheit hab' oder weiß, da kann ich auch hinterher wieder arbeiten" (Int. 01, 52, 6. SSM)

> „[...] weil wenn man sich abgesichert fühlt und nicht gerade so, also ich als Beamtin jetzt im öffentlichen Dienst und so, das ist ja schon auch nochmal so ein Rückhalt, den man hat" (Int. 04, 46, 4. SSM)

„Ja, also was mich vorher gestört hatte wegen der Promotion und auch in der Zeit danach war wirklich, dass man immer diese kurzen Verträge hatte, dass man da nicht überhaupt gar keine Sicherheit hatte [...] und da war es mir schon wichtig, dass ich darum gekämpft habe auch den unbefristeten Vertrag zu bekommen [...]" (Int. 05, 62, 4. SSM)

Ein befristeter Arbeitsvertrag könnte dabei vor allen Dingen den Nachteil haben, dass ein stärkeres Engagement in der Arbeit notwendig sein könnte, um den Arbeitsplatz zu sichern:

„ [...] weil ich einfach nicht zwischen zwei Stühlen hängen möchte oder das Gefühl habe, dass ich ständig auf zwei Hochzeiten gleichzeitig tanzen muss [...]" (Int. 11, 32, 6. SSM)

Neben dem formal unbefristeten Arbeitsplatz gibt den Befragten dabei auch die bereits erfolgte Einarbeitung und Expertise Sicherheit in Bezug auf den Arbeitsplatz:

„Ich habe mir so ein paar, natürlich auch schon ein bisschen Wissen oder auch ver-schiedene Bereiche wirklich gut angeeignet, sodass ich sagen kann nachher kann ich davon profitieren und auch in dem Bereich weiterarbeiten und auch mein Arbeitgeber hat auch Interesse, mich wieder zurückzuhaben und auch auf dem Bereich, weil sie wissen, dass ich da schon Expertise habe." (Int. 05, 92, 6. SSM)

Aufgrund ihrer Erfahrungen und Qualifikationen sind sich die meisten der befrag-ten hochqualifizierten Frauen sicher, dass sie wieder in einem ähnlichen Bereich eingesetzt und dort auch gebraucht zu werden, und damit ihre Karriere fortsetzen können.

Aus den Interviews insgesamt und den angeführten Zitaten wurde deutlich, dass den Schwangeren der sichere Beruf nicht nur aufgrund des Einkommens wichtig ist. Auch die Möglichkeit, sich in einem selbst gewählten Umfang für die Familie zu engagieren, ohne signifikante Nachteile im beruflichen Bereich in Kauf nehmen zu müssen, spielt eine Rolle. Der sichere Arbeitsplatz steht damit auch als Synonym dafür, dass die erwarteten familiären Verpflichtungen wahrge-nommen werden können und auch individuelle Freiheiten in der Gestaltung des zukünftigen Familienlebens bestehen bzw. genommen werden können, ohne den Arbeitsplatz zu gefährden. Wie im vorherigen Abschnitt wird damit wiederum die Bedeutung der Berufstätigkeit auch teilweise über das Familienwohl gerecht-fertigt, jedoch in weniger starkem Ausmaße. Selbstfürsorge ist aber etwas stärker akzentuiert.

4.3   Erwartungen an das Arbeitsumfeld

Aufbauend auf verlässliche Arbeitsverhältnisse mündet die prospektive Auseinandersetzung mit der Vereinbarkeit von Mutterschaft und Beruf sowie die Priorisierung der familiären über die beruflichen Belange darin, dass Flexibilität und Verständnis sowie Unterstützung bei Vereinbarkeitsproblemen vom Arbeitgeber erwartet wird. Bezug genommen wird dabei auch auf die zunehmende Belastung anderer Mütter aus dem eigenen Umfeld sowie auf die relevante mediale Berichterstattung zu den Folgen der Corona-Krise für Familien. Aus der Beobachtung von Kolleginnen, die bereits Mütter sind, gewinnen die Schwangeren Sicherheit darüber, dass auch Ihnen Vereinbarkeit ermöglicht wird:

> „[...] gerade in meinem direkten Team bei der Arbeit sind eben auch zwei Kolleginnen, die jetzt auch noch recht kleine Kinder haben, wo man natürlich auch schon sehen kann „ok, wie läuft das bei denen" und also ich hab das Gefühl, dass das schon recht gut läuft [...] und ja, da (…) schon versucht wird, die Mütter schon zu unterstützen, aber natürlich sollen sie auch weiterhin gut ihre Rolle auch ausfüllen können" (Int. 05, 78, 4. SSM)

> „Aber ich glaube halt weil die Mütter halt bei uns einen besonderen Stellenwert haben und sich so viel Freiheiten rausnehmen können, wird das irgendwie gehen. [...] also so habe ich es zumindest erlebt bisher, dass die Muttis, die bei uns waren, wenn die spontan gesagt hat „das Kind ist krank, ich muss los und sie abholen" und dann war das kein Problem. Dann wurde das halt, die Vertretung ist eingesprungen und gut war" (Int. 08, 50, Int. 06)

> „Genau also wir haben also eine wirklich sehr ja (…) gute Personalabteilung, also oder eben die Personalführung macht einfach alles möglich. Also es gibt ja gewissen Fristen, normalerweise muss man wirklich viele Wochen vorm Mutterschutz muss man anmelden, wie viel Elternzeit man nehmen will oder auch der Partner und das ist bei uns relativ locker. Und man kann auch relativ unproblematisch von Teilzeit wieder wechseln oder Stunden aufstocken, Stunden reduzieren. Von daher mache ich mir da nicht so viel Sorgen" (Int. 02, 89, 6. SSM)

Die Frauen im Sample scheinen sich größtenteils sicher zu sein, dass ihnen die Balance gelingen wird, da sie ein wachsendes Bewusstsein der Unternehmen zur Situation erwerbstätiger Mütter wahrnehmen, womit die Bereitschaft zur Rücksichtnahme einhergeht:

> „[...] auf der anderen Seite denke ich mir auch, es gibt bestimmt Sachen, die muss der Arbeitgeber akzeptieren und das wird er auch, wenn er einen als Arbeitskraft schätzt

und vor allem jetzt seit Corona, wo der Arbeitgeber schon bei vielen anderen gesehen hat „ok, die mussten teilweise Home Schooling machen, die haben nun mal auch Kinder" und, dass man eine gewisse Vereinbarkeit auch ermöglichen muss. Und das denke ich könnte mir jetzt zum Vorteil ausgelegt werden, weil jetzt eben viele Arbeitgeber auch schon ein Jahr gesehen haben, was für ein Kampf manche Familien haben" (Int. 07, 55, 6. SSM)

Die Schwangeren haben ebenso meist das Selbstbewusstsein, entsprechende Rücksicht von ihren Arbeitgebern zu erwarten:

„[...] also das was ich schon gesagt hatte, diese Flexibilität der Zeit, Arbeitszeitgestaltung auch. Natürlich haben wir eine Kernarbeitszeit, wo man auch da sein muss. Ja, da muss man halt gucken „wie sind die Kita Öffnungszeiten?", „wie ist das mit der Schule?", kriegen wir das dann hin? ähm ja, aber das der Arbeitgeber eben da auch eine gewissen Flexibilität bietet und sagst „ok, dann fängst an den Tagen eine halbe Stunde später an" zum Beispiel. Dass das klappt und gegebenenfalls eben Stundenreduktion oder Stundenaufstockungen auch kurzfristig mal ermöglicht [...]" (Int. 02, 111, 8. SSM)

„[...] die Kollegen, dass man halt dann auch andere Verpflichtungen hat, also Arbeit zum einen und zum anderen natürlich auch das Kind, also dass es da ein gewisses Verständnis gibt" (Int. 08, 74, 6. SSM).

Auf der anderen Seite wollen die Frauen aber nach Möglichkeit auch weiterhin Verantwortung übernehmen und verlässlich ihre Aufgaben ausführen. Dies basiert unter anderem auf Erfahrungen mit anderen Müttern oder KollegInnen, die sie als unangenehm empfanden:

„Er unterstützt uns schon toll, also die jungen Frauen, die dann Mütter werden [...] er hat natürlich auch die Position, er hat die Verantwortung für den OP und das muss natürlich laufen und da kann es nicht sein, dass irgendwie drei Mütter dann vor ihm stehen und sagen „mein Kind ist hingefallen, ich muss mein Kind abholen, mein Kind hat Fieber". Also er hat natürlich auch die Pflicht, den OP am Laufen zu halten und [...] da werde ich schon glaub ich sehr im Zwiespalt sein, weil ich war immer so, so ein Workaholic" (Int. 01, 74, 6. SSM)

„[...] weil (...) ich finde es gibt auch nichts Schlimmeres als zu sagen, man geht wieder arbeiten und dann kann man sich auf diesen Menschen nicht verlassen" (Int. 03, 54, 5. SSM)

Viele Befragte rechnen daher damit, „[...] dass es das ein oder andere Mal schon Konflikte geben wird" (Int. 09, 88, 5. SSM); dieser Sachverhalt wird von den Befragten weitgehend akzeptiert und fließt auf unterschiedliche Art und Weise in die Planungen ein. In diesem Kontext erwarten Sie auch noch Auseinandersetzungen um die generelle Herangehensweise, Einstellungen und Vorurteile der Arbeitgeber:

> „Und vielleicht der Gedanke vom Arbeitgeber müsste ein bisschen geschärft werden. Ich kann mir vorstellen, dass viele Arbeitgeber noch denken ‚naja, sobald die mal Mutter ist und dann wieder anfängt, dann ist die nicht mehr belastbar und nicht mehr hundertprozentig verlässlich wie vorher'." (Int. 07, 81, 6. SSM)

> „[...] viele Unternehmen immer noch Vorurteile Frauen und gerade Müttern gegenüber haben, dass man es nicht schafft, dass man sich nicht auf die Frauen verlassen kann, die sind ja eh immer krank, dann sind die Kinder ständig krank" (Int. 03, 66, 5. SSM).

Insgesamt verweisen diese Ergebnisse u. a. auf die große Rolle, die die Familienfreundlichkeit von Arbeitgebern bei Fertilitätsentscheidungen spielt: Die Frauen haben in der Antizipation möglicher Vereinbarkeitsprobleme entsprechende Beobachtungen am Arbeitsplatz angestellt, die ihnen Sicherheit in Bezug auf die bevorstehende Vereinbarkeit vermitteln. Dabei findet sich eine Mischung aus Zutrauen auf Basis einer positiven Einschätzung der Familienfreundlichkeit des Arbeitgebers aber auch Erwartungen von Konfliktpotential. Potentielle Konflikte (intra- sowie inter-psychisch) zwischen antizipiertem Entgegenkommen, Erwartungen und Vorstellungen der Arbeitgeber und dem eigenen Anspruch und Pflichtgefühl werden also im Erwartungshorizont der Schwangeren bereits sichtbar und können ihr Wohlbefinden beeinflussen. Diese werden oft eher indirekt deutlich, aber auch teilweise direkt hervorgehoben:

> „[...] Aber ja (...) ich glaube schon, dass das zu innerlichen Konflikten führen würde. Das wird viele schlaflose Nächte auch deswegen geben und (...) dem kann man sich aber dann entziehen, darauf kann ich mich jetzt auch kaum vorbereiten" (Int. 11, 54, 6. SSM)

> „[...] ich hoffe, dass man auch diesen Spagat schafft [...] ja, dass man da irgendwie seinen Ansprüchen gerecht wird. Ich glaube, das ist schwer und ich ja, habe glaube ich relativ hohe Ansprüche immer an mich, das alles immer so 100% sein soll, sowohl beruflich als irgendwie auch privat und ich glaube, das wird mich noch manches Mal bremsen und irgendwie ja, einen Spiegel vorhalten, dass das eben auch mal nicht funktioniert" (Int. 02, 67, 8. SSM)

4.4   Länge der Elternzeit

In Vorwegnahme dieser potentiellen Vereinbarkeitskonflikte haben alle Austragenden bereits die Länge einer über den gesetzlich vorgeschriebenen Mutterschutz[1] hinausreichenden Erwerbsunterbrechung geplant. Entsprechend der Zeit, in der Elterngeld in vollem Umfang gezahlt wird, plant der größere Anteil der Interviewten diese in einem Umfang von einem Jahr. Die Länge wird auch explizit mit dem Elterngeld begründet:

> „Also wir haben da jetzt noch nicht irgendwas beantragt, wir haben uns da halt nur ein bisschen eingelesen. Das ist eigentlich auch überall ganz gut beschrieben, [...] da finde ich aber in diesen Beispielen ist echt immer so ‚ok, die Mutter macht ihre zwölf Monate, der Mann macht seine zwei Monate' (...) und auch sonst bei den Texte, die man so liest, ist immer von der Mutter die Rede und man merkt das schon, dass das noch nicht so das Bild sich geändert hat (...) aber trotzdem bin ich froh, hier zu wohnen und das Angebot nutzen zu können" (Int. 10, 74, 4. SSM)

Es scheint sich also durch die neue Gesetzeslage und die Information darüber eine neue Norm herauszubilden. Es gibt aber auch kürzere (sechs oder Monate) und längere (anderthalb Jahre, zwei oder mehr Jahre) Planungen für Erwerbsunterbrechungen. Dabei wird deutlich, dass sich die Schwangeren diesbezüglich auch schon mit praktischen Aspekten auseinandergesetzt haben, wie z. B. einem möglichen Zeitpunkt des Kita-Eintritts des Kindes, und dabei auch Probleme sehen:

> „Man kann jetzt nicht irgendwie sagen, wenn jemand Entbindungstermin hat, irgendwie im März ‚Oh, ich will noch ein Jahr oder ich muss nach einem Jahr wieder arbeiten' und gibt sein Kind ab März in die Kita, das geht halt nicht. Genauso wie die Schuljahre, beginnen die Kita Jahre auch immer nach den Sommerferien. Das ist natürlich schwierig, aber dazu habe ich mir natürlich auch Gedanken gemacht" (Int. 01, 64, 6. SSM)

> „Ich kann das Kind vielleicht nicht sofort abgeben und abzwitschern, also das man auch so Übergangsphasen schafft, die man mit einkalkuliert und nicht irgendwie denkt ‚schwups, das Kind muss funktionieren, ich muss funktionieren' und dann geht man ratzfatz den nächsten Tag zur Arbeit wenn das Kind die erste Woche in der Krippe ist. Das funktioniert ja nicht, also das ist ja unrealistisch" (Int. 03, 54, 5, SSM)

---

[1] Gemäß § 3 Absatz 1 Mutterschutzgesetz beginnt dieser sechs Wochen vor der geplanten Geburt des Kindes und endet mit Ablauf der achten Woche nach der Geburt.

Aber nicht nur organisatorische Schwierigkeiten (Jahresrhythmus der Aufnahme in KiTas) bestimmen die Länge der Elternzeit. Die Mütter möchten die bevorstehende Zeit als Familie nach der Geburt auch ausgiebig genießen. Eine Interviewte, die eine Erwerbspause von zwei oder mehr Jahren plant, rechnet dadurch zwar mit finanziellen Einbußen. Sie setzt das wegfallende Einkommen aber in Relation zur persönlichen Entfaltung in der Mutterrolle, wodurch es akzeptabel erscheint:

„Bei uns war immer klar, ich gehe auf jeden Fall zwei Jahre und jetzt gehe ich über zwei Jahre weil ich jetzt noch diese Kindergarten also bis der Kindergarten anfängt muss ich irgendwie überbrücken oder so aber für uns ist halt so ‚endlich ein Kind' und (...) finanziell müssen wir dann kurz zurückstecken aber das ist ja auch nicht für so lange und ja dann kann man halt nicht mehr groß in den Urlaub fahren oder viele Sachen sich kaufen oder so [...]" (Int. 08, 64, 6. SSM)

Ihre Anwesenheit in der ersten Zeit nach der Geburt des Kindes begründen die Befragten dabei (im Einklang mit dem Naturalisierungsdiskurs) primär mit der Bedeutsamkeit ihrer Anwesenheit als biologische Mutter für das Wohlsein des Kindes. Es wird auch explizit das Stillen als ein Grund für die Länge der Erwerbsunterbrechung genannt und das erfolgreiche Abstillen für einen gelungenen Wiedereinstieg in den Beruf vorausgesetzt (ähnlich wie bei Dechant und Rinklake 2016, S. 107 f.). Die Tätigkeit des Stillens dient zusätzlich der natürlichen Verantwortungsabgrenzung vom biologischen Kindesvater, der „[...] nicht mehr so viel machen kann" (Int. 06, 112, 7. SSM), die der Mutter eine längere Elternzeit als dem Vater nahelegt:

„[...] auch wenn ich das Kind austrage, ist er ja noch trotzdem genauso beteiligt und kann die gleichen Sachen erledigen, die ich auch mache außer das Stillen, das ist halt ein Punkt, der ist dann nicht so einfach aufzuteilen [...]" (Int. 10, 72, 4. SSM)

„[...] wenn ich dann im März sehe, dass es noch nicht klappt oder ich kann noch nicht abstillen oder (...) ja irgendwie, es geht einfach noch nicht, dass ich nicht arbeiten kann, dann haben wir da einfach noch ein bisschen Puffer und die Elternzeitvertretung ist extra ein bisschen länger gewählt als ähm als ich eigentlich sonst wieder da wäre (...)" (Int. 10, 48, 4. SSM)

Insgesamt bestimmen also vorwiegend die institutionellen Rahmenbedingungen (Elterngeld, Aufnahmezeiten der Kindertagesstätten) die Länge der genommenen Elternzeit. Es wird von den werdenden Müttern nicht in Frage gestellt, dass sie (und nicht die werdenden Väter) diese Elternzeit hauptsächlich in

Anspruch nehmen. Dabei werden u. a. Begründungen aus dem Kontext von Naturalisierungsdiskursen angeführt.

4.5   Berufliche Laufbahn und Teilzeittätigkeit

Um potentielle Vereinbarkeitskonflikte zu entschärfen, plant keine der Befragten, in Vollzeit in den Beruf zurückzukehren. Stattdessen greifen sie größtenteils auf ein angebotenes Teilzeitmodell zwischen 20 und 30 Arbeitsstunden in der Woche zurück. Andere Befragte möchten sogar mit noch weniger Stunden (z. B. geringfügig) beginnen und die Arbeitszeit (abhängig von Länge und Verlässlichkeit der verfügbaren Kinderbetreuung) dann langsam bis hin zur Teilzeittätigkeit im häufig üblichen Rahmen von 20 bis 30 Arbeitsstunden aufbauen. Die Teilzeittätigkeit entschärft den potentiellen intra- oder inter-psychischen Konflikt, indem sie als Rechtfertigung antizipiert wird, potentiell überfordernde Erwartungen zurückweisen zu können. Die Planung einer Teilzeittätigkeit verschafft den Schwangeren damit Erleichterung:

> „Wenn ich mit 2025 Stunden wiederkomme muss klar sein, dass ich vielleicht nicht mehr unbedingt die Calls am Abend machen kann [...] Also dieses gegenseitige Verständnis ist wahnsinnig wichtig, glaube ich [...]" (Int. 07, 81, 6. SSM)

Die Teilzeittätigkeit hat auch Auswirkungen auf die Stellenkonstellation. Die Befragten rechnen zu einem großen Teil damit, nicht wieder die Position zu erlangen, die sie vor der Elternzeit hatten:

> „Ich (...) bin mir ziemlich sicher, dass ich die Position, die ich jetzt habe, so hinterher nicht mehr machen kann, sondern dass dann gesagt wird „ok, wenn du jetzt mit 20, mit 25 oder mit 30 Stunden anfängst ist die Position dann nicht mehr so, dass du komplett für D-A-CH zuständig bist weil das kannst du einfach nicht mehr schaffen dann sondern nur dann eine etwas untergeordnete Stelle dann hast". Das ist so, das war mir bewusst" (Int. 07, 57, 6. SSM)

In Antizipation von Vereinbarkeitskonflikten reduzieren so auch alle Befragten die Ansprüche in Bezug auf die berufliche Laufbahn oder „Karriere". Sie erwarten, dass sie aufgrund von Vereinbarkeitsproblemen nicht mehr den bisher gewohnten Einsatz zeigen können und daher die Karriere stagnieren wird:

> „[...] weil Karriere machen mit viel Zeit verbunden ist, mit persönlicher Aufopferung und mit viel Energie, [...] und wenn man Kinder hat, dann muss man zwangsläufig die

Energie und Zeit, die man hat, aufteilen (…) dass wenn man nicht diese Energie und diese Zeit aufbringen kann [...]" (Int. 11, 64, 6. SSM)

Auch wenn das berufliche Ziel noch nicht erreicht wurde, gehen die Befragten eher von einer Stagnierung des eigenen Werdeganges aufgrund des reduzierten Arbeitszeitmodelles und einer verschobenen Prioritätensetzung aus. Es wird deutlich, dass sie ihre eigenen beruflichen Ambitionen aufgrund der erwarteten zusätzlichen Belastungen zurückstellen:

„Also ich entscheide mich ja jetzt bewusst, meine Karriereambitionen zu unterbrechen. Also ich weiß, dass ich so schnell nicht wieder hochkomme, weil das geht nur wenn man eine bestimmte Anzahl in der Woche arbeitet und das ist, wenn ich das machen würde und das anstreben würde ja die Familie ja total darunter leiden. Ich hab mich ja bewusst entschieden, die Familie zu haben und dann geht eben die Arbeit und das Berufliche so ein bisschen in den Hintergrund und das wird dann so sein und im Idealfall kann man das einigermaßen vereinen" (Int. 07, 59, 6. SSM)

„[...] durch diese bewusste Entscheidung erstmal für das Kind da zu sein und nicht in Vollzeit wieder anzufangen kann ich den Job, den ich vorher hatte so nicht komplett und vollständig ausüben, sprich ich kann nicht unbedingt meine Karriere so weiterführen. (...) Ich würde nicht sagen, dass Mütter keine Karriere machen, es ist nur auf unbestimmte Zeit eine Unterbrechung der Karriere" (Int. 07, 79, 6. SSM)

„[...] Das wird ja jetzt die nächsten Jahre erstmal nicht möglich sein und will man natürlich auch nicht und von daher mir ist auch nicht ganz klar, ob ich meine Teamleiterstelle so wieder zurückbekomme oder ob die an eine Vollzeitstelle gekoppelt ist. (…) ja also ich bin jetzt nicht so der Karrieremensch und ich muss da jetzt nicht irgendwie ja, ich muss nicht immer die Beste sein (lachen)" (Int. 02, 41, 8. SSM)

„Aber ich mache mir da auch nichts vor. Man weiß nie, wie es dann so läuft und ich bin auch ehrlich, ich werde natürlich jetzt auch erstmal länger raus bleiben und ob dann nach dieser ganzen Zeit, das immer alles noch so ist, wie es jetzt gerade ist weiß ich nicht. Aber so, da würde ich mich schon sehen so in ein paar Jahren beziehungsweise oder da, wo ich, ja wo ich jetzt stehe (...) aber ich strebe jetzt nicht mehr die große Karriere an eigentlich, ja [...]" (Int. 09, 20, 5. SSM)

Die bewusste Entscheidung zur Mutterschaft führt in den Beispielen dazu, dass eine *Pflicht* zum Aussetzen von Karriereambitionen empfunden wird, um der Rolle als Mutter gerecht werden zu können. Dies entspricht den theoretischen Annahmen von Individualisierungstheorien (siehe oben), dass Wahlbiographien dazu führen, dass Individuen selbst die Verantwortung für ihre Lebensumstände, die daraus resultierenden Probleme und notwendigen Anpassungen übernehmen. Strukturelle Ursachen, wie in diesem Fall fehlende oder unzuverlässige Kinderbetreuung oder zeitliche Flexibilität von Arbeitgebern, werden in der individuellen

Einschätzung nicht berücksichtigt werden. Die Interviewten interpretieren dies für sich so, dass „[…] geschäftliche Sorgen in den Hintergrund rutschen (….) von alleine […]" (Int. 09, 104, 5. SSM). Die Befragten sehen die Hauptverantwortung für die privaten ‚Sorgen' damit tendenziell bei sich selbst.

Entsprechend der in Individualisierungstheorien postulierten Pflicht zur Wahl, wird von den Schwangeren die Zurückstellung der Karriere zu einer individuellen Entscheidung umgedeutet, die sie zum Wohle der Familie treffen. Dass das Wohl der Familie unter einer Weiterverfolgung von Karriereambitionen leiden würde, steht für sie dabei außer Frage. Aus der bewussten Entscheidung für Familie entsteht damit der Druck, auch eine Entscheidung gegen Karriere zu treffen. Diese ist nicht für alle Frauen einfach, aber gerade die bewusste Entscheidung zur Schwangerschaft zwingt sie in ihren Augen zu einer Priorisierung der Familie:

> „Also zu Anfang der Schwangerschaft war das alles so ein bisschen schwierig. Mir ging es auch nicht so gut und dann hab ich gedacht ‚ok, du hast dich jetzt bewusst dazu entschieden, dann wird jetzt abgeschaltet'". (Int. 07, 18, 6. SSM)

Die vorherigen Interviewpassagen können gleichzeitig auch als Rechtfertigung dafür gelesen werden, dass die Frauen ihre Mutterschaft nicht mit Vollzeittätigkeit, Führungsverantwortung und Karriere vereinbaren möchten. Dies kann als Verweis darauf gedeutet werden, dass das Bild der „Superfrau" aktiv zurückgewiesen wird, jedoch als Leitbild in den Köpfen der schwangeren Frauen vorhanden ist und zu intra-psychischen Konflikten führen kann, die wiederum das Wohlbefinden beeinträchtigen können.

Nicht alle Frauen akzeptieren diese Einschränkung so bereitwillig, es wird auch Bedauern geäußert:

> „[…] das Einzige, was ich für mich natürlich aufgebe […] mit der Mutterschaft ist natürlich so ein bisschen das Berufliche im Moment. Also da hab ich jetzt Sorge. Ja, ich hab die Perspektive vielleicht in Richtung Leitung zu gehen, aber dafür gibt mir ja keiner eine Garantie." (Int. 01, 58, 6. SSM)

> „was natürlich für mich so ein bisschen schade ist weil so steht natürlich meine berufliche Karriere so ein bisschen hinten an" (Int. 01, 62, 6. SSM)

Es wird von diesen Schwangeren also antizipiert, dass ihre Karriereambitionen und -optionen durch die Mutterschaft eingeschränkt werden. Im Gegensatz zu den anderen Schwangeren scheinen sie weniger bereit, dies zu akzeptieren.

Insgesamt wurde deutlich, dass die meisten Frauen ihre berufliche Weiterentwicklung (Laufbahn) zurückstellen und eine Teilzeittätigkeit anstreben, um sich von potentiellen Vereinbarkeitskonflikten zu entlasten. Vereinbarkeitsprobleme werden von ihnen dabei antizipiert und in der Schwangerschaft bereits durch entsprechende Anpassungen der beruflichen Pläne berücksichtigt. Bereits in (vielleicht sogar vor) der Schwangerschaft wurde daher die Entscheidung über eine zukünftige Teilzeittätigkeit und Reduktion von Karriereambitionen gefällt; ausschlaggebend dafür sind antizipierte überfordernde Erwartungen sowie mögliche intra- und interpsychische Konflikte aufgrund der neuen sozialen Rolle als Mutter.

Dies impliziert, dass die meisten Befragten also den Beruf den familiären Interessen unterordnen, so wie es in eher traditionellen Familienkonstellationen der Fall ist. Es wird erwartungsgemäß auch deutlich, dass eine Auseinandersetzung mit potentiellen Vereinbarkeitsproblemen bereits vor oder gleich zu Beginn der Schwangerschaft stattgefunden hat und es als erleichternd empfunden wird, wenn potentielle Konfliktquellen bereits beseitigt worden sind. Damit wurden mögliche psychische Belastungen in der Schwangerschaft von den Befragten, die auf Unsicherheiten in Bezug auf das Arbeitsverhältnis beruhen, beseitigt oder begrenzt. Die deutliche Betonung der Bedeutung der Beseitigung dieser Unsicherheiten verweist im Umkehrschluss darauf, dass Unsicherheiten in Bezug auf das Arbeitsverhältnis eine Quelle psychischer Belastungen in der Schwangerschaft sein können, wenn die Beseitigung dieser Unsicherheiten nicht gelungen ist.

4.6 Partnerschaftliche Arbeitsteilung

In der geplanten Reduktion des Umfangs des beruflichen Engagements sowie der Karriereambitionen hat sich bereits angedeutet, dass die meisten Frauen ein modernisiertes Ernährermodell anstreben. In diesem ist der Vater als Ernährer in Vollzeit erwerbstätig und sichert das Familieneinkommen. Die Mutter ist primär für die Care-Arbeit zu Hause zuständig und arbeitet nur nebenbei. Viele Frauen begründen dies erwartungsgemäß mit Einkommensdifferenzen:

„Also er verdient halt so viel mehr als ich in meinem kleinen Job" (Int. 08, 64, 6. SSM)

„Bei uns würde es auch gar nicht anders gehen, also ich mein Partner verdient nun mal mehr Geld als ich. Wenn der jetzt zuhause bleibt, dann hätten wir andere Probleme. Und ja (...) deswegen da glaube ich schon, dass es noch die klassische Rollenverteilung gibt." (Int. 09, 66, 5. SSM)

Auch die berufliche Stellung des Mannes wird häufig genannt:

> „[...]weil mein Mann ja selbstständig ist und kann das schlecht. Das war von Anfang
> an dann natürlich auch für mich klar, dass ähm dass bei uns noch dieses klassisches
> Modell dann so ein bisschen ist" (Int. 01, 62, 6. SSM)

> „Der arbeitet bei *Unternehmen* als Projektleiter und der hat halt so eigene Projekte,
> wo die halt auch richtig große Kunden haben. Das ist halt, wenn die Deadlines haben,
> dann muss er die erfüllen egal wie lange er daran arbeitet und obwohl er auch sagt, er
> will sich zurücknehmen natürlich für das Kind." (Int. 08, 34, 6. SSM)

Die hohe Anzahl an Füllwörtern und Phrasen („halt", „dann so ein bißchen", „natürlich") verweist darauf, dass diese Äußerungen für die Befragten potentiell mit inneren Konflikten behaftet und teilweise rationalisierende Rechtfertigungen der vielleicht nicht erwünschten Rollenmodelle sind.

Mit dem Partner scheint auch noch kein wirklicher Austausch über den Grad der Verantwortungsteilung stattgefunden zu haben; vielmehr wird dieser eher naturalisiert und als in Übereinstimmung gegeben hingenommen und nur die technische Umsetzung besprochen. Der gemeinsame Austausch über das bevorstehende Familienleben dient dabei dem gegenseitigen Abgleich der jeweiligen Erwartungen, Visionen und damit einhergehenden Gefühlen (Hirschauer et al. 2014, S. 44):

> „Also ausführlich und sehr oft (lachen) (...) Wir haben, also (...) unsere Meinung dazu
> war eigentlich auch direkt zum Anfang gleich (...) Wir haben dann eher, also der
> Großteil der Redezeit ging dann darauf zu überlegen, wie man das geregelt" (Int. 11,
> 56, 6. SSM)

> „[...] ja wir reden da über alles, also auch wie wir uns das vorstellen mit der Elternzeit
> und wie das Laufen kann auf der Arbeit [...]" (Int. 08, 60, 6. SSM)

Im Kontrast dazu betonen zwei der befragten Schwangeren, die einen vergleichbaren Beruf mit ähnlichem Einkommen wie ihr jeweiliger Partner ausüben, die angestrebte Gleichberechtigung der geplanten Verantwortungsverteilung rund um die Kinderbetreuung. Im Vergleich zu den anderen Befragten zeigt sich in diesen Fällen folglich eine andere Ressourcenkombination innerhalb des Paares.

> „Also wie gesagt, im zweiten Jahr ist es eben so geplant, dass immer noch jemand
> zuhause ist. Dadurch dass wir quasi eine Stelle uns teilen bei der Arbeit, das ist natür-
> lich eine Sache, die jetzt nur wir so machen können, weil wir eben da im gleichen
> Betrieb sind". (Int. 02, 89, 8. SSM)

„ [...] ja bei uns ist halt auch der Vorteil, dass wir einfach die gleiche Ausbildung haben und dadurch auch relativ gleich verdienen und deswegen jetzt auch bei den Elterngeldplanungen war es jetzt auch so, wir mussten nicht gucken, also bei einigen, die halt einfach gucken müssen, dass irgendwie die Frau, die dann noch meistens weniger verdient, macht es halt auch einfach Sinn, dass die halt dann weniger arbeitet (...) ja, [...] ich bin froh, dass wir das so planen können, dass es nicht vom Gehalt abhängig ist" (Int. 10, 80, 4. SSM)

Diese Aussagen erscheinen wesentlich widerspruchsfreier in der Darstellung der Befragten, u. a. da sie frei von rationalisierenden Rechtfertigungen sind. Die Frauen scheinen in diesen Fällen deutlich stärker „im Reinen" zu sein mit der erwarteten Lebenssituation und freuen sich darüber, dass diese bei ihnen so ist. Gleichberechtigung und -stellung im beruflichen Bereich scheinen, folgt man diesen Aussagen, auch Gleichberechtigung im privaten Bereich zu fördern.

Insgesamt erwartet die Mehrzahl der Befragten jedoch eine Arbeitsteilung nach dem modernisierten Ernährermodell, ohne dass dies Gegenstand von Auseinandersetzungen mit dem Partner gewesen wäre. Dies ist jedoch in vielen Fällen ambivalent und löst Problem- und Rechtfertigungsdruck bei den Frauen aus, wie die angeführten Äußerungen belegen. In Fällen größerer geplanter Gleichberechtigung (gefördert durch gleiche Qualifikation und Gehalt) scheinen die Frauen zufriedener zu sein und weniger Rechtfertigungsdruck zu spüren.

4.7 Mutterrolle

Bei der erwarteten Teilzeittätigkeit sowie der Zurückstellung von Karriereambitionen erwartet der größere Anteil der Befragten eine deutliche Prioritätenverschiebung in Richtung Familie:

„Die Prioritäten werden auf jeden Fall dann ganz klar anders." (Int. 07, 59, 6. SSM)

„Ich glaube, das ändert sich total, weil sich ja auch der Fokus ändert. Also bisher war ja Arbeit bei mir ziemlich weit oben und dann kam erste Familie und da musst du halt gucken, was ist gerade wichtiger in dem Moment? Und ich glaube, dann wird es mein Kind sein. Oder (...) alles, was damit zusammenhängt" (Int. 08, 50, 6. SSM)

Die Schwangeren akzeptieren größtenteils diese Zuweisung. Sie fühlen sich, entsprechend des Konzeptes des *intensive mothering* zudem dazu gedrängt, zum Wohle des Kindes das Muttersein zu perfektionieren:

„[...] will das richtig zu machen, dem Kind soll es ja gut gehen" (Int. 02, 59, 8. SSM)

„[...] dem Kind auch entsprechend was bieten [...]" (Int. 04, 90, 4. SSM)

„[…] ob man alles richtig macht oder man alles tut und getan hat" (Int. 07, 45, 6. SSM).

Die Frauen fühlen sich durch gesellschaftliche Erwartungen auch zu dieser Entscheidung gedrängt:

> „Also man wird da schon irgendwo reingedrängt (…) ich glaube schon, dass die klassische Rollenverteilung immer noch so ist (…)" (Int. 09, 66, 5. SSM)

Dabei erwarten sie auch eine Art Wettbewerb unter Müttern (vgl. Mundlos 2013). Auffällig erscheint, dass ein gewisser Grad des Automatismus hinter dem gegenseitigen Vergleich der Mütter vermutet wird; die Schwangeren glauben, sich diesem nicht entziehen zu können. Auch wenn sie den Vergleich ablehnen, rechnen die Schwangeren damit, davon beeinflusst zu werden:

> „[...] Das ist halt bei jedem unterschiedlich, jedes Kind ist unterschiedlich, aber ich glaube schon, dass man sich da vergleicht. Ja, finde ich nicht so cool eigentlich, aber das passiert glaube ich automatisch" (Int. 06, 88, 7. SSM)

> „Oh, ich fürchte das ist glaub ich sehr stark so. Also man sieht das ja jetzt schon, wenn man sich mit Frauen umgibt, die jetzt auch mit schwanger sind oder vielleicht schwanger waren. Es gibt einige Freundinnen, die ich habe wo kein Vergleich stattfindet [...] Während andere ja nur das Beste, nur das Teuerste und dann wenn du sagst, also ich hab jetzt nach den und den Kriterien geguckt, wird man dann vielleicht schon mal schief angeguckt [...] aber ich kann mir vorstellen, dass Frauen sich untereinander bei sowas schon gerne, also gerade Frauen, die verurteilen sich gerne. Also das ist ja das Schlimme unter Frauen" (Int. 07, 47, 6. SSM)

> „[...]die Leute sich dann da ein bisschen verrückt machen. Und das nehme ich mir eigentlich vor, das halt einfach nicht zu machen aber ich glaube auch, dass das irgendwie auch automatisch so ein bisschen kommt [...] Also ich glaube, da vergleichen sich Frauen schon sehr stark" (Int. 10, 34, 4. SSM).

Wenngleich die vorherigen Zitate auf eine vergleichsweise trennscharfe Positionierung der Schwangeren zwischen beiden Verantwortungsbereichen hinzudeuten scheinen, werden diesbezüglich allerdings auch immer wieder Unsicherheiten erkennbar. Die Frauen möchten auch keine „Gluckenmütter" werden, befinden sich also zwischen zwei negativ belegten Extremen (zu viel und zu wenig für die Kinder tun):

„eben nicht so dieses Gluckenmutter quasi; ich bin immer nur da und ich mach' immer alles selber" (Int. 05, 76, 4. SSM)

Demzufolge ist die Prioritätensetzung nicht eindeutig, sondern durchaus ambivalent:

„[...] ich glaube ich habe schon die Priorität auf meinem Kind, aber ich glaube man muss es auch relativieren, weil wenn ich mich dafür entscheide auch arbeiten zu gehen, dann weiß das die Kita, dann weiß das mein Kind. Ich finde, man muss auch abwägen. Ich finde ein Kind darf auch mal fallen, und [...] darf dann da auch irgendwie mal durch, bis es da wieder abgeholt wird. Also ich bin jetzt nicht die, die mit wehenden Fahnen den Arbeitsplatz verlässt [...]" (Int. 03, 54, 5. SSM)

„[...] ok, je nach dem, also wenn es schwer verletzt, natürlich macht man sich dann Gedanken und will dann schnell dahin, aber [...] ich hoffe, dass ich so werde, dass ich erstmal Ruhe bewahre und ja, natürlich fährt man dann hin, aber ja, das muss man glaube ich situationsangepasst sehen, aber ich möchte jetzt nicht so eine Helikoptermutter werden, die dann die ganze Zeit „Oh Gott, mein Kind ist hingefallen! Oh Gott, eine Schramme". Ich hoffe, so werde ich nicht. Also ich hoffe, dass ich da relativ gelassen bleibe" (Int. 06, 104, 7. SSM)

Die Schwangeren erwarten also, dass ihre Mutterrolle u. a. davon geprägt ist, familiäre Belange über andere (persönliche, berufliche) zu priorisieren, alles richtig machen zu wollen sowie sich mit anderen zu vergleichen. Gleichzeitig grenzen sie sich aber auch bereits gegen das negative Bild der Glucken- oder Helikoptermutter ab. Die angestrebte Mutterrolle ist also bereits von Ambivalenzen geprägt, ein schmaler ,richtiger' Grad zwischen zu viel (Glucke oder Helikopter) und zu wenig (Rabenmutter) wird antizipiert.

4.8 Vaterrolle

„Aber ich finde dadurch das die Zeit so sich verändert hat einfach und moderner geworden ist [..] also ich kann auch jetzt nur von meinem Mann sprechen, der sagt zum Beispiel ,ja, wenn ich könnte, dann würde ich auch zuhause bleiben und mich um das Kind kümmern' [...] ich finde [..] hinsichtlich dieser Einstellung hat sich das schon ein bisschen verändert, dass immer mehr Männer sagen ja, ich fühle mich auch verantwortlich, jetzt möchte ich auch mal (...) mich um das Kind kümmern [...]" (Int. 04, 62, 4. SSM)

Wie in diesem Zitat werden in vielen Interviews der ‚Wandel der Zeiten' und modernere Väterrollen angesprochen. Im Einklang mit Modellen von Geschlechterrollen sehen die Schwangeren den Vater des eigenen Kindes aber immer noch primär in der Rolle des Ernährers.

> „es ist halt auch so, mein Mann geht ja auch weiterhin arbeiten und das ist halt sein Hauptjob sozusagen, also ich muss irgendwie gucken, dass ich das alleine schaffen kann und das macht mir schon Gedanken auf jeden Fall" (Int. 08, 32, 6. SMM)

Der Kindesvater bekommt von den Schwangeren prospektiv nur eine unterstützende Rolle zugewiesen. Dies wird zum einen darin deutlich, dass der Partner oft nur im Notfall einbezogen wird. Außerdem wird viel Rücksicht auf die berufliche Situation des Vaters genommen, die seine Verfügbarkeit einschränkt. Dies wird von den Frauen in den meisten Fällen als nicht-veränderbarer Fakt dargestellt. Die Unterstützung wird hierbei eher als Wunsch und Vorstellung denn als klare oder konsequent einforderbare Notwendigkeit formuliert:

> „Also ich hoffe schon, dass […] wir uns da gegenseitig ein bisschen unterstützen. Also das ist mein Ziel und ich glaube auch schon, dass wir das beide auch gut hinkriegen. Also dass ich das wirklich auch fordern werde […] eigentlich ist mein Ziel schon, dass man sich da schon ja gegenseitig unterstützt und beide Teile übernehmen" (Int. 05, 76, 4. SSM)

> „und obwohl er auch sagt, er will sich zurücknehmen natürlich für das Kind. […] Also das ist echt so, das ist schwer zu verstehen manchmal, aber man muss damit irgendwie klarkommen als Partner. Also da hoffe ich mir natürlich, dass dann mehr Unterstützung kommt, was ich aber auch denke" (Int. 08, 34, 6. SSM)

> „[...] natürlich, wenn es sich um das Kind dreht ist das immer eine Sache zwischen mir und meinem Mann und aber wie gesagt ich würde halt schon darauf achten oder gucken ähm wie sein Stresslevel so ist und das nicht quasi eine Überbeanspruchung ist, weil er ja berufstätig […]" (Int. 01, 78, 6. SSM)

In diesem Sinne tendiert der größere Anteil der Befragten im Rahmen der prospektiven Konfrontation dazu, die eigene Verantwortung immer in Abhängigkeit von der Erwerbssituation des Partners zu bemessen und die Vereinbarkeit (z. B. mithilfe außer-/familiärer Unterstützung) mitunter vor allem unter Berücksichtigung der beruflichen Auslastung des Vaters zu planen. In dem letzten Zitat wird die Unterstützungsleistung des Mannes mehrfach relativiert und die Aussage ist nicht flüssig („wie gesagt", „ähm", „quasi"). Damit wird auch auf der sprachlichen Ebene deutlich, dass die Einforderung dieser Unterstützung für die Schwangere mit Unsicherheiten belegt ist.

Sie geht außerdem davon aus, dass sie diese Unterstützung einfordern muss. Dies bedeutet einerseits, dass sie damit rechnet, dass die Unterstützung von ihrem Mann nicht freiwillig erbracht wird. Die Schwangere rechnet nicht nur damit, ihren Mann auf notwendige Tätigkeiten aufmerksam zu machen, sondern auch damit, dass dies „eingefordert" (nicht „erbeten") werden muss, was auf die potentielle Konfliktträchtigkeit einer Delegation von Aufgaben hinweist. Es scheint hier selbstverständlich, dass sie ihren Mann „einbezieht" und nicht umgekehrt; d. h. sie trägt die Hauptverantwortung, auch dafür, sich Unterstützung zu holen.

Die angedeutete Unsicherheit der Befragten darüber, wieviel Unterstützung sie vom Kindsvater wirklich erwarten können, legt nahe, dass diese Auseinandersetzung in Bezug auf die Aufteilung von Care-Arbeit und -Verantwortung bei den meisten Befragten eher oberflächlich ist, um Verbundenheit und Harmonie bzw. emotionale Unterstützung in der Schwangerschaft nicht zu gefährden. Sie scheint damit an der (nach außen präsentierbaren) Oberfläche nicht widersprüchlich oder potentiell ambivalent für die Schwangeren, obwohl sie es bei näherer Betrachtung doch ist.

Auffällig anders ist dies bei den Befragten, die eine ähnliche berufliche Stellung und ähnlichen Verdienst haben; dies scheint dem nachfolgenden Zitat zufolge auch in der Entwicklung der Beziehung bereits frühzeitig zu einer partnerschaftlichen Aufteilung auch von Hausarbeit geführt zu haben:

> „Aber auch, dass mein Mann eben nicht der traditionelle Vater ist, der sagt „ok, du machst Haushalt und ich gehe dann mal arbeiten und komme abends wieder". Das war aber eigentlich bei uns noch nie so, weil wir halt das Gleiche studiert haben, die gleiche berufliche Laufbahn und da denk ich mir halt, warum sollte ich das jetzt (…)? Jeder kann kochen und essen und einkaufen und (...) daher sind Mann und Frau da eigentlich wirklich gleich, also (...)" (Int. 10, 38, 4. SSM)

Wiederum zeigt sich bei den Schwangeren mit symmetrischeren Geschlechterrollen damit weniger Ambivalenz und damit potentielle (psychische) Belastung in der Schwangerschaft durch erwartete Geschlechterrollen.

Wir schlussfolgern, dass die Rolle des Unterstützenden dem Vater von den Schwangeren größtenteils bereits vor der Geburt zugewiesen wird. Sie akzeptieren, unter Rückbezug auf bekannte Argumente des höheren Verdiensts und des andersartigen Jobs, die geringere Verantwortungsübernahme des Vaters für das Kind bereits prospektiv.

4.9   Negation der Auseinandersetzung

Die bereits dargelegten Gedanken und Interviewpassagen belegen bei vielen Befragten eine intensive Auseinandersetzung mit Vereinbarkeit und potentieller Doppelbelastung bereits vor der Schwangerschaft. Interessanterweise haben die Austragenden aber zu Beginn des Gesprächs verneint, dass sie sich bereits intensiv mit potentieller Doppelbelastung und Vereinbarkeitsproblemen auseinandergesetzt haben:

> „Also erstmal hab ich mir noch gar nicht so viele Gedanken gemacht, weil ähm ich mir noch gar nicht so vorstellen kann, wie das dann wird, wie man sich darauf so einstellt, wie das, wie der Alltag dann auch so aussieht. Und wie ist das Kind? Wie viel Zeit nimmt es in Anspruch?" (Int. 01, 38, 6. SSM)

> „Manchmal hab ich das Gefühl, ich bin mit dem ganzen Thema noch sehr naiv, weil ich mich mit vielen Themen noch gar nicht auseinander gesetzt habe (lachen) und die irgendwie auf mich zukommen lasse, dass ich so denke ‚Stück für Stück'" (Int. 02, 83, 8. SSM)

> „[...] ja, da mach ich mir wenige Gedanken. Auch noch keine genauen Gedanken, aber ja man weiß einfach ja dadurch, dass ähm dadurch, dass halt viele sag ich mal Unterstützungsmöglichkeiten da sind, dass man da wahrscheinlich kein Problem hat" (Int. 04, 64, 4. SSM)

> „Oh Gott, da hab ich mir noch nie Gedanken drüber gemacht (lachen). Noch ist es ja nicht so weit. Also ich seh' ehrlich gesagt alles echt entspannt" (Int. 06, 56, 7. SSM)

Diese Aussagen weisen auf Strategien hin, mit denen Unsicherheit und Ängste oder ihre Thematisierung vermieden werden sollen. Zum anderen könnte die später relativierte, anfänglich aber explizite Herausstellung der Nicht-Auseinandersetzung eine Reaktion auf Äußerungen des Umfeldes sein, das vielleicht eine beginnende Auseinandersetzung und Sorgen als grundlos oder übertrieben abgetan hat (Malich 2017, S. 375). Das Thema wird außerdem eng mit Bürokratie und Organisation verbunden, die primär als unangenehm betrachtet und daher vermieden werden:

> „Ja, man muss das ja schon quasi machen, wenn es darum geht, dass man dann irgendwann Elterngeld und Elternzeit beantragen muss" (Int. 07, 51, 6. SSM)

> „Ich bin schwanger geworden [...] jetzt ist es halt wirklich so, dass es bis zur Geburt nur noch, ich weiß nicht, 15 Wochen oder so sind und da muss man halt wirklich sich jetzt Gedanken machen [...] ich drücke mich manchmal vor unangenehmen Sachen. Dieses ganze Elternzeit/Elterngeld-Thema, das hat man sich mal so locker überlegt aber halt noch nicht wirklich mit beschäftigt. Andere sind da ganz anders organisiert

und haben das jetzt schon alles fertig. Aber ja darum muss man sich auf jeden Fall Gedanken machen jetzt zum Jahresende, wie das so wird. Aber das ist auch so nervig […], also echt ein übles Thema so" (Int. 08, 82, 6. SSM)

Unsicherheiten beziehen sich somit vornehmlich auf Planungsaspekte, die nicht selbst beeinflusst werden können. Diese Unberechenbarkeit wird von den Befragten (zumindest scheinbar) akzeptiert – vorweggenommene Auseinandersetzung und Planung erscheint eher überflüssig:

„[…] aber es ist halt schwierig das jetzt irgendwie sich so vorzustellen, weil man gar nicht weiß, ob das überhaupt so klappt" (Int. 08, 60, 6. SSM)

„[…] man weiß nicht nie, was die Zukunft bringt, aber ähm da macht man sich dann jetzt in, zum jetzigen Zeitpunkt weniger Gedanken […]" (Int. 04, 64, 4. SSM)

„[…] ja, ich glaube das kann man gar nicht vorher planen. Das Einzige, was man planen kann vorher sind diese ganzen bürokratischen Dinge, wie Elternzeit, Elterngeld und der ganze Kram und ähm alles andere wird sowieso ganz wahrscheinlich anders kommen als man denkt" (Int. 07, 35, 6. SSM)

Diese Umschreibungen zeigen insbesondere die Sicherstellung von Planungsoffenheit und Flexibilität mit Blick auf potentielle Doppelbelastung und Vereinbarkeit – also die Vorbereitung auf alternative Optionen (vgl. auch Geissler und Oechsle 1996, S. 275). Es zeigt sich jedoch auch die Tendenz der Betroffenen, die potenziell aus der Vereinbarkeit von Familie und Beruf resultierenden Konflikte noch nicht eindeutig festmachen zu können: potenzielle Spannungen müssen nach Ansicht der Austragenden in zeitlich unmittelbarer Konfrontation mit der jeweiligen Problemstellung gelöst werden.

Zusammenfassend zeigen sich damit Unsicherheiten auch darin, dass die Auseinandersetzung verneint wird und es als schwierig beschrieben wird, die zu erwartenden Belastungen zu antizipieren. Zudem ist die Auseinandersetzung negativ besetzt, da sie mit bürokratischen Erfordernissen verbunden ist.

Fazit und Ausblick 5

Das Thema der Vereinbarkeit von Beruf und Elternschaft ist vor dem Hintergrund der in den vergangenen Jahrzehnten stark gestiegenen Erwerbsquote von Müttern, sich verändernden Geschlechterrollen und Leitbildern für Frauen und Männer im allgemeinen sowie Mütter und Väter im Besonderen allgegenwärtig. Die erste Schwangerschaft ist der ersten Vereinbarkeitsphase direkt vorgelagert und die erste Lebensphase, in der betroffene Eltern diese Aufgabe mit an Sicherheit grenzender Wahrscheinlichkeit antizipieren können. Innerhalb des theoretischen Rahmens der „sozialen Schwangerschaft" (Hirschauer et al. 2014; Hirschauer 2019) wird diese Lebensphase als bedeutsame Planungsphase aufgefasst, in der wichtige Orientierungen für die darauffolgende Umsetzung entwickelt werden, wobei gesellschaftliche Erwartungen und Medikalisierung eine bedeutende Rolle spielen. Bisher ist jedoch die empirische Evidenz dazu, ob und wie zukünftige Vereinbarkeit in dieser Phase konzeptualisiert und verhandelt wird, sehr begrenzt. Vorhandene Studien zu Antizipation und geplanter Umsetzung von Geschlechterrollen in der Schwangerschaft und davor (Geissler und Oechsle 1996; Hirschauer et al. 2014; Hirschauer 2019) fokussieren auf ebendiese Geschlechterrollen. Uns sind hingegen keine Studien bekannt, die untersuchen, wie Vereinbarkeit innerhalb der antizipierten Geschlechterrollen umgesetzt werden soll.

Dies ist unter anderem damit zu begründen, dass Schwangerschaft lange Zeit als alleiniger Untersuchungsgegenstand der Medizin galt, sozialwissenschaftliche Analysen erfolgten erst in den letzten Dekaden. Die Frau befindet sich aus sozialwissenschaftlicher Sicht als Austragende potenziell bereits während der Schwangerschaft in Konfrontation mit der bevorstehenden Familien- und Erwerbstätigkeitssituation in Abwägung der unterschiedlichen strukturellen, institutionellen und individuellen Vereinbarkeitsaspekte. Die Schwangerschaft stellt in

O. Zimmermann und L. Kolonko, *Vereinbarkeit und Schwangerschaft*, essentials, https://doi.org/10.1007/978-3-658-43373-4_5

diesem Sinne jene Lebensphase dar, welche der realisierten Vereinbarkeit unmittelbar vorgelagert ist. Prospektiv und unter Berücksichtigung der individuellen Situation sowie deren Bewertung erfolgt die Planung der beabsichtigten Bewältigung der Vereinbarkeit der Rollen als Mutter und Arbeitnehmerin. Wenngleich der Handlungsrahmen samt den gegebenen strukturellen und institutionellen Rahmenbedingungen potenziell für alle werdenden Eltern in Deutschland gleich erscheint, so ist tendenziell dennoch kein einheitliches Konzept von Elternschaft sowie Vereinbarkeit erkennbar (Geissler und Oechsle 1996). Mittels elf problemzentrierter, qualitativer Interviews mit Frauen in der ersten Schwangerschaft sollte unser Forschungsprojekte daher Einsichten in Art und Ausmaß der Auseinandersetzung mit bevorstehenden Vereinbarkeitsproblemen sowie die daraus entstehende Belastung für Schwangere liefern. Außerdem wurde der Frage nachgegangen, ob und wie Entscheidungen über die spätere Berufstätigkeit der werdenden Mütter sowie die Geschlechterrollen in der in Gründung begriffenen Familie bereits in der Schwangerschaft getroffen werden. Die Ergebnisse erlauben lediglich auf die Zielgruppe (hochqualifizierte, berufstätige Frauen) begrenzte Schlussfolgerungen.

5.1   Zusammenfassung und Einordnung in den Forschungsstand

Es konnten zum einen Erkenntnisse gewonnen werden, die theoretische Annahmen und vorherige Studienergebnisse bestätigen. Hierzu zählen die wahrgenommene eigene Verantwortung für das Kind (aufgrund der eigenen Entscheidung für das Kind, vgl. Theorien zu Wahlbiographien und Individualisierung, Beck 1986), die Orientierung am Leitbild der guten Mutter (Schütze 1991; Diabaté 2015) und Abgrenzung von Helikopter- (Schmidt 2018) und Rabeneltern (Ruckdeschel 2009), das angestrebte modernisierte Ernährermodell (in dem die Mutter Teilzeit arbeitet und die Verantwortung für die Care-Arbeit übernimmt, während den Vätern zu Hause nur eine unterstützende Rolle zukommt, Pfau-Effinger 2000; Hirschauer 2019), die frühzeitige Auseinandersetzung mit Vereinbarkeit bereits vor der Schwangerschaft (Geissler und Oechsle 1996), die damit verbundene Angst vor Überforderung und Rollenkonflikten (Geissler und Oechsle 1996) sowie die Naturalisierung des Geschlechts (Bauer et al. 2018). Wichtige biographische Entscheidungen sowie geplante Aufgabenteilungen und Berufstätigkeiten und die darin eingebauten Geschlechterrollen wurden schwerpunktmäßig bereits vor der Schwangerschaft getroffen oder verhandelt (Geissler und Oechsle 1996; Hirschauer et al. 2014).

Zum anderen wurden Erkenntnisse gewonnen, die bisherige Annahmen und Studienergebnisse um neue Aspekte ergänzen. So werden von den Befragten in der Schwangerschaft Aspekte der organisatorischen Umsetzung von Vereinbarkeit diskutiert, die eigentlichen Verantwortlichkeiten werden aber nicht (mehr) hinterfragt. Die antizipierten Vereinbarkeitsprobleme stellen dabei für viele Frauen bereits in der Schwangerschaft eine psychische Belastung dar, da aus ihnen eine starke Ambivalenz und Unsicherheit der Frauen mit Blick auf die erwarteten neuen Rollen und deren Kombination einhergeht. Darauf reagieren sie, indem sie die Auseinandersetzung mit der Thematik verneinen, aber eine Reduktion von Arbeitszeit und Karriereambitionen planen und betonen, die die Prioritätensetzung auf Familie nach innen und außen verdeutlicht. Damit beugen sie (nach eigenen Aussagen) möglichen überfordernden Erwartungen aus dem Arbeitsumfeld vor bzw. rechtfertigen deren geplante Zurückweisung.

So wird deutlich, dass die beabsichtigte Kürzung der Arbeitszeit zentral auf Angst vor Rollenkonflikten und Überforderungen im Kontext von Vereinbarung von Beruf und Familie zurückzuführen ist. Damit werden aber gleichzeitig Karrierechancen und Verdienstaussichten deutlich reduziert und Mütter mittel- bis langfristig auf die Rolle der Zuverdienerin im Ernährerhaushalt festlegt. Die Wahrscheinlichkeit finanzieller Abhängigkeit und Altersarmut wird erhöht. Zudem verlieren Betriebe potentiell gut ausgebildete Führungs- und Fachkräfte; dies stellt in der aktuellen demographischen Situation (Verrentung der Babyboomer-Generation) und des bereits vorhandenen und sich voraussichtlich weiter verschärfenden Fachkräftemangels eine zu lösende gesellschaftliche Herausforderung dar.

Die Schwangeren haben zudem Mütter in ihrem beruflichen Umfeld intensiv beobachtet, um bereits vor der Schwangerschaft Sicherheit über Vereinbarkeitsmöglichkeiten zu erhalten. Daraus lässt sich schließen, dass die Familienfreundlichkeit eines Arbeitsumfeldes dazu führen kann, insbesondere junge Frauen an einen Arbeitgeber zu binden, vermutlich auch zunehmend junge Männer. Es kann außerdem junge Frauen und Männer dazu ermutigen, Familien zu gründen, ist also auch bevölkerungspolitisch relevant.

In Bezug auf die geplante Elternzeit (ein Jahr) sowie die nachfolgende Teilzeitberufstätigkeit (20 bis 30 h) fanden wir eine relativ starke Einheitlichkeit von Plänen und Erwartungen, die auf eine starke Wirksamkeit und Verinnerlichung gesellschaftlicher Rollenerwartungen und institutioneller Rahmenbedingungen bereits in der Schwangerschaft verweist. Eine neue Norm einer einjährigen Elternschaft scheint sich herausgebildet zu haben, entstanden vermutlich durch den Rechtsanspruch auf einen Betreuungsplatz ab dem zweiten Lebensjahr sowie die maximale Bezugsdauer von 12 bis 14 Monaten für höchstmögliches Eltern-geld. Die Variantenbreite der Lebensmodelle ist damit geringer, als auf Basis von Individualisierungstheorien erwartet werden konnte.

Die Frauen empfinden aber auch nach wie vor einen gewissen Druck, sich für Ihre geplante Berufstätigkeit und die für die Schwangerschaft gewünschte Arbeitsplatzsicherheit zu rechtfertigen. Dies geschieht durch Verweis auf das Wohl der Familie und insbesondere der Kinder. Die eigenen Wünsche und Bedürfnisse werden sehr selten angeführt – prospektive Selbstfürsorge in der Lebensplanung entfällt.

Einzelne modernere Verlaufsplanungen (Teilzeitarbeit beider Partner) mit sym-metrischeren Geschlechterrollen traten unter Bedingungen gleichartiger Berufstä-tigkeit und Entlohnung auf. Sie waren für die befragten Schwangeren entlastend, da sie sich der Lösung antizipierter Vereinbarkeitskonflikte nicht allein gegen-übersehen. Symmetrische Geschlechterrollen, die für die Familienzeit geplant sind, schützen dadurch auch die Gesundheit der Frauen und des ungeborenen Kindes bereits in der Schwangerschaft.

5.2   Diskussion

Die Ergebnisse der Untersuchung bestätigen zu einem Teil die theoretischen Erwartungen sowie die Schlussfolgerungen aus vorherigen Studien, die sich mit anderen Lebensverlaufsabschnitten befasst hatten. Damit konnte die Bedeutung der Konzepte und Erkenntnisse dieser anderen Studien für die Phase der Schwan-gerschaft belegt und der Forschungsstand erweitert werden. Im Einklang mit Individualisierungstheorien wurde unter anderem deutlich, dass die Schwange-ren die Lösung der Vereinbarkeitsproblematik in ihrer eigenen Verantwortung sehen, wobei sie explizit auch auf die eigene Entscheidung für ein Kind verwei-sen. Es wird zudem bestätigt, dass sich Frauen bereits vor der Schwangerschaft mit Vereinbarkeitsthemen intensiv beschäftigen und Lösungsmöglichkeiten ent-wickeln, die die ebenfalls antizipierten potentiellen Ambivalenzen und Konflikte erträglicher erscheinen lassen. Es wird zudem bereits in der Schwangerschaft eine Angst vor Überforderung durch Rollenkonflikte sichtbar, auf die mit einer Reduktion von Arbeitszeit und Karriereambitionen reagiert wird. Das Leitbild der „guten Mutter" sowie die Angst davor, eine Helikopter- oder Rabenmutter zu werden, sind bereits in der Schwangerschaft bedeutsam. Geplante Berufstätig-keit wird mit dem Familien- und insbesondere Kindeswohl gerechtfertigt; eigene Interessen erscheinen kaum von Belang. Obwohl abweichende Modelle bekannt

sind, werden die asymmetrischen Geschlechterrollen des modernisierten Ernährermodells mit Rekurs auf Einkommens- und Verantwortungsunterschiede sowie
‚natürliche‘ Rollen und das Stillen wenig infrage gestellt.

Andere Erkenntnisse sind neu(er) und waren auf Basis der Auseinandersetzung mit Theorie und Forschungsstand weniger erwartbar. Nicht erwartet wurden
beispielsweise die starken Ambivalenzen und Widersprüche, die mit den antizipierten asymmetrischen Geschlechterrollen sowie den Herausforderungen in der
Vereinbarkeit privater und beruflicher Rollen einhergehen. Die vorausschauende
Auseinandersetzung bringt für die Frauen Unsicherheit mit sich, da sie Unterstützung erwarten und einfordern, aber auch Konflikte und mangelnde Sensibilität
der Arbeitgeber vermuten. Zudem stehen ihre eigenen Karriereambitionen im
Konflikt mit dem Wunsch, eine gute Mutter zu sein. Die Unsicherheit bestand
bereits vor der Schwangerschaft, sodass die Frauen auf eine abgesicherte berufliche Position warteten, bevor sie eine Schwangerschaft in Erwägung zogen. Auf
die erwartete Konflikthaftigkeit reagieren die Frauen mit einer Reduktion von
Karriereambitionen sowie der angestrebten Arbeitszeit nach Wiedereintritt in den
Beruf. Dadurch reduzieren sie sowohl eigene wie auch antizipierte fremde Erwartungen und können prospektiv konflikthafte und damit verunsichernde Situationen
vermeiden.

Ambivalenzen und Widersprüche werden von denjenigen Frauen weniger stark
empfunden die ein ähnliches Qualifikationsniveau und Gehalt wie der Partner
haben und sich die Care-Aufgaben gleichmäßiger aufteilen wollen. Die Frauen
antizipieren in diesen Konstellationen, dass der Partner mehr als nur Unterstützung sein wird; stattdessen soll er (fast) gleichberechtigt verantwortlich sein.
Dies bringt eine deutliche psychische Entlastung der Frauen bereits in der
Schwangerschaft mit sich, da sich die erwarteten Konflikte zwischen alleiniger
Verantwortung für berufliche und familiäre Aufgaben reduzieren. Eine antizipierte
gleichmäßige(re) Aufteilung von Verantwortung und Familienarbeit könnte vermutlich auch für andere Schwangere Entlastung bedeuten. Dabei geht es auch
darum, den Vater nicht als „Aushelfenden" und sich selbst als „Verantwortli-
che" zu konzipieren, sondern Verantwortung und Ausführung von Tätigkeiten
gleichmäßiger auf beide Schultern zu verteilen.

Nicht zuletzt zeigen unsere Ergebnisse, dass die Varianz der Lebensentwürfe
unter hochqualifizierten Frauen beschränkt ist. Es wird eine deutliche Domi-
nanz von einer einjährigen Elternzeit und einer anschließenden Teilzeittätigkeit
zwischen 20 und 30 h festgestellt (gilt auch für die Paare mit gleichmäßiger
Arbeitsteilung nach der Elternzeit); dieser Lebensentwurf kann als neue Norm
gedeutet werden. Es gibt jedoch auch Abweichungen in Form von längerer oder
kürzerer Elternzeit und einer Berufstätigkeit mit noch weniger Stunden.

5.3   Limitationen und weiterer Forschungsbedarf

Unsere Untersuchung hat einige Begrenzungen, die auf den Bedarf nach weiterer Forschung verweisen. So lässt die in qualitativen Erhebungen übliche und für intensive und explorative Auseinandersetzung mit dem Material notwendige geringe Stichprobengröße Verallgemeinerungen nur eingeschränkt zu. Ergänzende quantitative und weniger explorativ bzw. breiter angelegte qualitative Untersuchungen zur Validierung der gewonnenen Erkenntnisse wären wünschenswert. Hierzu wäre es auch interessant, die (vermutlich kleinere) Gruppe der Frauen mit egalitären Planungen für Geschlechterrollen detaillierter zu untersuchen und mit der Gruppe der Frauen, die eher asymmetrische Geschlechterrollen erwarten, zu vergleichen.

Der Fokus lag außerdem auf hochgebildete Frauen, der die berufliche Fokussierung gewährleisten sollte. Die Ergebnisse wurden hiervon vermutlich stark beeinflusst, da hochgebildete Frauen andere Rollenvorstellungen, andere Verdienstaussichten und Karriereambitionen besitzen als andere Bevölkerungsgruppen.

Zudem erfolgte die Datenerhebung in verschiedenen Phasen corona-bedingter Einschränkungen. Dies kann die Ergebnisse auf verschiedene Weisen beeinflusst haben, z. B. durch Arbeit im Homeoffice und Unklarheit in Bezug auf die weiteren Entwicklungen am eigenen Arbeitsplatz. Es wäre wünschenswert, validierende weitere Erhebungen nach Ende der Corona-Pandemie vorzunehmen.

5.4   Handlungsempfehlungen

Aus den Ergebnissen lassen sich verschiedene Handlungsempfehlungen ableiten. Die psychische Belastung, die mit erwarteten asymmetrischen Geschlechterrollen und der Hauptverantwortung der Mütter für familiäre Care-Arbeit und Vereinbarkeit von Beruf und Familie einhergeht, erscheint in unserer Studie äußerst bedeutsam. Es erscheint daher ratsam, diesen Aspekt routinemäßig in der Schwangerenvorsorge zu thematisieren. Dies könnte im Rahmen der Hebammenversorgung oder in anderen Kontexten (z. B. spezielle Fortbildungen für werdende Elternpaare) geschehen. Damit könnte u. a. der retraditionalisierenden Wirkung von geburtshilflicher Versorgung sowie präventiven Angeboten wie Geburtsvorbereitungskursen entgegengewirkt werden.

Der Verweis auf die entlastende Wirkung geteilter Verantwortung (für Care- und Erwerbsarbeit) und Diskussion über Umsetzungsmöglichkeiten kann den Schwangeren bereits in der Schwangerschaft Entlastung verschaffen. Auch die

Thematisierung der sozialen Entstehungsbedingungen asymmetrischer Geschlechterrollen im modernisierten Ernährermodell könnte helfen, diese zu hinterfragen und Alternativen in den Blick zu nehmen. So kann Stress reduziert und damit auch die Entwicklung des Kindes geschützt und gefördert werden. Dies wäre auch als Paarfortbildung denkbar, in der dem Paar die Gelegenheit gegeben wird, auf Basis bereitgestellter Informationen über andere Modelle der Aufgaben- und Verantwortungsteilung nachzudenken.

Da vielfach die Geschlechterrollen in einer potentiellen Familie jedoch sogar schon vor der Schwangerschaft ausgehandelt werden, wäre Aufklärung über verschiedene Familienbilder, dazugehörige Normen und Erwartungen sowie deren Ursprung bereits davor, also in der Jugend oder im jungen Erwachsenenalter empfehlenswert. Entsprechende Angebote könnten an weiterführenden oder berufsbildenden Schulen, an Universitäten oder auch in Institutionen der Erwachsenenbildung (z. B. Volkshochschule) gemacht werden.

Der Bezug auf die Leitbilder der „guten Mutter" sowie die Abgrenzung zu „Helikopter-" und „Rabenmüttern" kann zudem bereits in der Schwangerschaft dazu führen, dass in der Wahrnehmung der werdenden Mütter nur ein schmaler, hoher Grat für das ‚richtige' Verhalten verbleibt. Eine explizite Auseinandersetzung mit der Entstehung und Wirkung dieser (Leit-)Bilder sowie Beispiele unterschiedlicher möglicher Betreuungsstile und -arrangements in Familien könnte Alternativen aufzeigen und daher ebenfalls entlastend und stressreduzierend wirken. Damit könnte auch die Variantenbreite der Lebensmodelle aufgezeigt werden mit Blick auf Berufstätigkeit und Elternzeit.

Was Sie aus diesem *essential* mitnehmen können

- Die Schwangeren planen unterschiedlich für Vereinbarkeit, jedoch immer innerhalb des modernisierten Ernährermodells (mit 20–30 Wochenarbeitsstunden) und in den meisten Fällen mit Übernahme der (Haupt-)Verantwortung für Familie und Care-Arbeit durch die werdende Mutter. Diese Rollenaufteilung stand in den meisten Paaren bereits vor der Schwangerschaft fest; in letzterer wird nur noch die Umsetzung verhandelt.
- Angst vor Überforderung und Rollenkonflikten sowie der Bezeichnung als Helikopter- oder Rabenmutter bzw. -elter(n) sind bereits in der Schwangerschaft eine Belastung und führen zu Abgrenzungsbestrebungen. Es bleibt für Mütter nur ein schmaler Grat zwischen den sozial unerwünschten Extremen; dies stellt eine psychische Belastung und Quelle für Verunsicherung da.
- Die geplante Berufstätigkeit wird von den Schwangeren entsprechend mit Verweis auf das Wohl der Kinder und der Familie gerechtfertigt. Dies verweist darauf, dass sie von den Frauen selbst auch als eine potentielle Gefahr für das Familienwohl und die Rolle als ‚Gute Mutter' aufgefasst wird.
- Die Prioritätensetzung auf Familie wird nach innen und außen durch die Reduktion der Arbeitszeit und der Karriereambitionen verdeutlicht. Dadurch beugen die Schwangeren möglichen Vereinbarkeitskonflikten vor, die durch Erwartungen von Seiten des Arbeitgebers im Zuge einer Vollzeittätigkeit entstehen könnten (z. B. Verfügbarkeit am Nachmittag und Abend).
- Durch Anspruch auf Elterngeld (max. 12 Monate pro Elternteil) und auf einen Betreuungsplatz (ab dem 1. Geburtstag) scheint eine neue Norm einer einjährigen Unterbrechung der Erwerbstätigkeit nach der Geburt des Kindes zu entstehen.

O. Zimmermann und L. Kolonko, *Vereinbarkeit und Schwangerschaft*, essentials, https://doi.org/10.1007/978-3-658-43373-4

- Es wird empfohlen, die im modernisierten Ernährermodell implizierten Ambivalenzen und Widersprüche bereits in schwangerschaftsbegleitenden Maßnahmen zu thematisieren, Möglichkeiten des Umgangs aufzuzeigen und damit psychische Belastungen zu reduzieren. So kann das Wohl des Kindes und der Mutter in der Schwangerschaft geschützt werden. Maßnahmen für Paare scheinen empfehlenswert, um die Partner in die Entscheidungs- und Diskussionsprozesse einzubeziehen.

Literatur

Aisenbrey, S., Evertsson, M., & Grunow, D. (2009). Is There a Career Penalty for Mothers'
Time Out? A Comparison of Germany, Sweden and the United States. *Social Forces,
88*(2), 573–605.

Badinter, E. (2010). *Der Konflikt: Die Frauen und die Mutter.* Beck.

Bauer, G., Ammicht Quinn, R., & Hotz-Davies, I. (Hrsg.). (2018). *Die Naturalisierung des
Geschlechts: Zur Beharrlichkeit der Zweigeschlechtlichkeit.* transcript.

Beck, U. (1983). Jenseits von Klasse und Stand? Soziale Ungleichheiten, gesellschaftliche
Individualisierungsprozesse und die Entstehung neuer sozialer Formationen und Identi-
täten. In R. Kreckel (Hrsg.), *Soziale Ungleichheiten* (S. 35–74). Schwartz & Co.

Beck, U. (1986). *Risikogesellschaft: Auf dem Weg in eine andere Moderne.* Suhrkamp.

Becker, G. S. (1981). *A treatise on the family.* Harvard University Press.

Beck-Gernsheim, E. (1996). Die soziale Konstruktion des Risikos – das Beispiel Pränatal-
diagnostik. *Soziale Welt, 47*(3), 284–296.

Bessett, D. (2010). Negotiating normalization: The perils of producing pregnancy symptoms
in prenatal care. *Social Science & Medicine, 71*(2), 370–377. https://doi.org/10.1016/j.
socscimed.2010.04.007.

Bianchi, S. M., Robinson, J. P., & Milkie, M. (2006). *Changing Rhythms of American Family
Life.* Russell Sage Foundation.

BMFSFJ (2016). *Familienbewusste Arbeitszeiten: Leitfaden für die Umsetzung von flexiblen,
familienfreundlichen Arbeitszeitmodellen.* https://www.bmfsfj.de/resource/blob/93754/
a8a5b1857507181ec5409751ac589c75/familienbewusste-arbeitszeiten-leitfaden-data.
pdf. Zugegriffen: 12. Juni 2023.

D. Grunow, & M. Evertsson (Hrsg.). *Couples' Transitions to Parenthood: Analysing Gender
and Work in Europe,* (S. 269–294). Edward Elgar Publishing.

Dechant, A., & Rinklake, A. (2016). Anticipating motherhood and fatherhood: German
couples' plans for childcare and paid work. In D. Grunow & M. Evertsson (Hrsg.), *Couples' Transitions to Parenthood: Analysing Gender an Work in Europe* (S. 103–124).
Edward Elgar Publishing.

Dechant, A., Rost, H., & Schulz, F. (2014). Die Veränderung der Hausarbeitsteilung in
Paarbeziehungen: Ein Überblick über die Längsschnittforschung und neue empirische
Befunde auf Basis der pairfam-Daten. *Journal of Family Research, 26*(2), 144–168.
https://doi.org/10.3224/zff.v26i2.16524.

Diabaté, S. (2015). Mutterleitbilder: Spagat zwischen Autonomie und Aufopferung. In N. F. Schneider, S. Diabaté, & K. Ruckdeschel (Hrsg.), *Familienleitbilder in Deutschland* (S. 207–226). Verlag Barbara Budrich.

Diabaté, S. (2021). Einstellungen zur Rollenverteilung zwischen Mann und Frau. In Statistisches Bundesamt, Wissenschaftszentrum Berlin für Sozialforschung, & Bundesinstitut für Bevölkerungsforschung (Hrsg.), *Datenreport 2021: Ein Sozialbericht für die Bundesrepublik Deutschland* (S. 424–429). Bundeszentrale für politische Bildung (bpb).

Dresing, T., & Pehl, T. (2015). *Praxisbuch Interview, Transkription & Analyse: Anleitungen und Regelsysteme für qualitativ Forschende*. dr. dresing & pehl GmbH.

Duden, B. (1991). *Der Frauenleib als öffentlicher Ort: Vom Mißbrauch des Begriffs Leben.* Luchterhand.

Ettore, E. (2009). Prenatal Genetic Technologies and the Social Control of Pregnant Women: A Review of the Key Issues. *Marriage and Family Review, 45,* 448–468.

Evertsson, M., & Grunow, D. (2016). Narratives on the transition to parenthood in eight European countries: The importance of gender culture and welfare regime. In D. Grunow & M. Evertsson (Hrsg.), *Couples' Transitions to Parenthood: Analysing Gender and Work in Europe* (S. 269–294). Edward Elgar Publishing.

Fox, B. (2009). *When Couples Become Parents: The Creation of Gender in the Transition to Parenthood.* University of Toronto Press.

Geissler, B., & Oechsle, M. (1996). *Lebensplanung junger Frauen: Zur widersprüchlichen Modernisierung weiblicher Lebensläufe.* Deutscher Studien Verlag.

Grunow, D., & Evertsson, M. (Hrsg.) (2016). *Couples' Transitions to Parenthood: Analysing Gender and Work in Europe.* Edward Elgar Publishing.

Grunow, D., & Veltkamp, G. (2016). Institutions as reference points for parents-to-be in European societies: A theoretical and analytical framework. In D. Grunow & M. Evertsson (Hrsg.), *Couples' Transitions to Parenthood: Analysing Gender and Work in Europe* (S. 3–33). Edward Elgar Publishing.

Grunow, D., Schulz, F., & Blossfeld, H.-P. (2007). Was erklärt die Traditionalisierungsprozesse häuslicher Arbeitsteilung im Eheverlauf: Soziale Normen oder ökonomische Ressourcen? *Zeitschrift für Soziologie, 36,* 162–181.

Halleröd, B. (2005). Sharing of Housework and Money Among Swedish Couples: Do They Behave Rationally? *European Sociological Review, 21*(3), 273–288. https://doi.org/10.1093/esr/jci017.

Hampe, R. (1997). Geburt. In C. Wulf (Hrsg.), *Vom Menschen: Handbuch Historische Anthropologie* (S. 341–352). Beltz.

Hays, S. (1996). *The cultural contradictions of motherhood.* Yale University Press.

Heimerl, B. (2013). *Die Ultraschallsprechstunde: Eine Ethnografie pränataldiagnostischer Situationen.* transcript.

Herwartz-Emden, L. (1995). *Mutterschaft und weibliches Selbstkonzept: Eine interkulturell vergleichende Untersuchung.* Juventa.

Hirschauer, S. (2013). Geschlechts(in)differenz in geschlechts(un)gleichen Paaren: Zur Geschlechterunterscheidung in intimen Beziehungen. In A. Rusconi, C. Wimbauer, M. Motakef, B. Kortendiek, & P. A. Berger (Hrsg.), *Paare und Ungleichheit(en): Eine Verhältnisbestimmung* (S. 37–56). Verlag Barbara Budrich.

Hirschauer, S. (2019). Mein Bauch gehört uns: Gynisierung und Symmetrisierung der Elternschaft bei schwangeren Paaren. *Zeitschrift für Soziologie, 48*(1), 6–22.

Hirschauer, S., Heimerl, B., Hoffmann, A., & Hofmann, P. (2014). *Soziologie der Schwangerschaft: Explorationen pränataler Sozialität*. Lucius & Lucius.

Hornuff, D. (2014). *Schwangerschaft: Eine Kulturgeschichte*. Wilhelm Fink.

Hornuff, D. (2017). Strategien pränataler Sichtbarmachung: Das Regime der Zahlen und die Veröffentlichung der Körper. In E. Tolasch & R. Seehaus (Hrsg.), *Mutterschaften sichtbar machen: Diskurse und Praxen in den Sozial- und Kulturwissenschaften* (S. 185–197). Verlag Barbara Budrich.

Kohli, M. (1985). Die Institutionalisierung des Lebenslaufs: Historische Befunde und theoretische Argumente. *Kölner Zeitschrift für Soziologie und Sozialpsychologie, 37*, 1–29.

Kolip, P. (2000). Frauenleben in Ärztehand: Die Medikalisierung weiblicher Umbruchphasen. In P. Kolip (Hrsg.), *Weiblichkeit ist keine Krankheit: Die Medikalisierung körperlicher Umbruchphasen im Leben von Frauen* (S. 9–30). Juventa.

Kortendiek, B. (2005). Familie: Mutterschaft und Vaterschaft zwischen Traditionalisierung und Modernisierung. In R. Becker & B. Kortendiek (Hrsg.), *Handbuch Frauen- und Geschlechterforschung: Theorie, Methoden, Empirie* (S. 434–445). GWV Fachverlage GmbH: VS Verlag.

Kuckartz, U. (2016). *Qualitative Inhaltsanalyse: Methoden, Praxis, Computerunterstützung*. Beltz Juventa.

Kurowska, A. (2020). Gendered Effects of Home-Based Work on Parents' Capability to Balance Work with Non-work: Two Countries with Different Models of Division of Labour Compared. *Social Indicators Research, 151*(2), 405–425.

Lamnek, S., & Krell, C. (2016). *Qualitative Sozialforschung* (6. Aufl.). Beltz.

Lott, Y. (2019). Weniger Arbeit, mehr Freizeit? Wofür Mütter und Väter flexible Arbeitsarrangements nutzen. *WSI Report*, 2019(47), 2–15. Hans-Böckler-Stiftung. https://www.boeckler.de/pdf/p_wsi_report_47_2019.pdf. Zugegriffen: 5. Juni 2023.

Maier, M. (2000). Milieuspezifische Verkörperungen von Weiblichkeit: Zur Symbolik des schwangeren Körpers. In C. Koppetsch (Hrsg.), *Körper und Status: Zur Soziologie der Attraktivität* (S. 125–145). UVK.

Malich, L. (2017). *Die Gefühle der Schwangeren: Eine Geschichte somatischer Emotionalität (1780–2010)*. transcript Verlag.

Mayring, P. (2015). *Qualitative Inhaltsanalyse: Grundlagen und Techniken*, (12. Aufl.). Beltz.

Mendel, I. (2017). Wi(e)der-Vereinbarkeiten: Eine autoethnographische Skizze zur Sorgenkrise. In A. von Alemann, S. Beaufaÿs, & B. Kortendiek (Hrsg.), *Alte neue Ungleichheiten? Auflösungen und Neukonfigurationen von Erwerbs- und Familiensphäre* (S. 42–58). Verlag Barbara Budrich.

Mozygemba, K. (2011). *Die Schwangerschaft als Statuspassage: Das Einverleiben einer sozialen Rolle im Kontext einer nutzerinnenorientierten Versorgung*. Hans Huber.

Müller, M., & Zillien, N. (2016). Das Rätsel der Retraditionalisierung – Zur Verweiblichung von Elternschaft in Geburtsvorbereitungskursen. *Kölner Zeitschrift für Soziologie und Sozialpsychologie, 68*, 409–433.

Müller, M., & Zillien, N. (2022). Die Geburt der Familie: Zur Vergeschlechtlichung von Elternschaft. In K. Krause, M. Stetter, & B. Weyel (Hrsg.), *Kasualien als Familienfeste: Familienkonstitution durch Ritualpraxis* (S. 186–198). Kohlhammer.

Mundlos, C. (2013). *Mütterterror: Angst, Neid und Aggressionen unter Müttern*. Tectum.

Niekrenz, Y. (2017). Schwangerschaft und Geburt. In R. Gugutzer, G. Klein, & M. Meuser (Hrsg.), *Handbuch Körpersoziologie: Band 2: Forschungsfelder und Methodische Zugänge* (S. 217–229). Springer VS.

Oechsle, M. (2009). Berufsorientierungsprozesse unter Bedingungen entgrenzter Arbeit und entstandardisierter Lebensläufe – subjektives Handeln und institutionelle Einflüsse. In M. Oechsle, H. Knauf, C. Maschetzke, & E. Rosowski (Hrsg.), *Abitur und was dann? Berufsorientierung und Lebensplanung junger Frauen und Männer und der Einfluss von Schule und Eltern* (S. 23–44). VS Verlag.

Ott, N. (1992). *Intrafamily bargaining and household decisions.* Springer.

Pfau-Effinger, B. (2000). *Kultur und Frauenerwerbstätigkeit in Europa: Theorie und Empirie des internationalen Vergleichs.* Leske + Budrich Verlag.

Rien, M. W. (1972). *4-Tage-Woche.* Scherz.

Rose, L. (2022). Gebären will gelernt sein! – Bildungsangebote zur Geburt zwischen emanzipatorischer Befähigung und neoliberaler Indienstnahme. *Österreichische Zeitschrift für Soziologie, 47,* 9–29. https://doi.org/10.1007/s11614-022-00469-0.

Ruckdeschel, K. (2009). Rabenmutter contra Mere Poule: Kinderwunsch und Mutterbild im deutsch-französischen Vergleich. *Zeitschrift für Bevölkerungswissenschaft, 34,* 105–134.

Sänger, E. (2010). „Einfach so mal schauen, was gerade los ist." Biosoziale Familiarisierung in der Schwangerschaft. In K. Liebsch, & U. Manz (Hrsg.), *Leben mit den Lebenswissenschaften: Wie wird biomedizinisches Wissen in Alltagspraxis übersetzt?* (S. 43–61). transcript.

Sänger, E., Dörr, A., Scheunemann, J., & Treusch, P. (2013). Embodying Schwangerschaft: Pränatales Eltern-Werden im Kontext medizinischer Risikodiskurse und Geschlechterormen. *GENDER, 5*(1), 56–71.

Schadler, C. (2013). *Vater, Mutter, Kind werden: Eine posthumanistische Ethnographie der Schwangerschaft.* transcript.

Schmidt, H.-J. (2018). *Helikoptereltern, nein danke!* So gelingt die schulische Mitwirkung der Eltern: Carl Link Verlag.

Schneider, N. F., Diabate, S., & Ruckdeschel, K. (2015). *Familienleitbilder in Deutschland.* Verlag Barbara Budrich.

Schütze, Y. (1991). *Die gute Mutter: Zur Geschichte des normativen Musters "Mutterliebe".* USP International.

Schwiter, K. (2007). „Ich hätte gerne Kinder. Aber es muss passen." Wie junge Erwachsene über ihre Zukunft und übers Kinderkriegen sprechen. *Zeitschrift für Frauenforschung und Geschlechterstudien,* 25(3,4), 85–97.

Sichtermann, B. (1993). Mutterliebe: Forderung, Mangel und Überschuss von Gefühl. [Motherly love: Demand, scarcity, and an excess of feeling.] In S. Lehnte (Hrsg.), *Lesebuch für Rabenmütter* (S. 69–91). dtv.

Spermann, A. (2020). Kein Wundermittel. *Wirtschaftsdienst, 100*(9), 648. https://doi.org/10. 1007/s10273-020-2727-y.

Statistisches Bundesamt (2019). *Erwerbstätigenquoten 1991 bis 2019.* https://www.destatis. de/DE/Themen/Arbeit/Arbeitsmarkt/Erwerbstaetigkeit/Tabellen/erwerbstaetigenquoten-gebietsstand-geschlecht-altergruppe-mikrozensus.html. Zugegriffen: 5. Juni 2023.

Tegethoff, D. (2011). *Bilder und Konzeptionen von Ungeborenen: Zwischen Visualisierung und Imagination.* Verlag Barbara Budrich.

Trappe, H., Pollmann-Schult, M., & Schmitt, C. (2015). The Rise and Decline of the Male Breadwinner Model: Institutional Underpinnings and Future Expectations. *European Sociological Review, 31*(2), 230–242. https://doi.org/10.1093/esr/jcv015.

Villa, P.-I., Moebius, S., & Thiessen, B. (Hrsg.) (2011). *Soziologie der Geburt: Diskurse, Praktiken, Perspektiven.* Campus.

Vinken, B. (2001). *Die deutsche Mutter: Der lange Schatten eines Mythos.* Piper.

von Alemann, A., & Oechsle, M. (2015). Die zwei Seiten der Vereinbarkeit. In U. Wischermann, & A. Kirschenbauer (Hrsg.), *Geschlechterarrangements in Bewegung: Veränderte Arbeits- und Lebensweisen durch Informatisierung?* (S. 293–326). transcript.

von Alemann, A., Beaufaÿs, S., & Kortendiek, B. (2017). Einleitung. In A. von Alemann, S. Beaufaÿs, & B. Kortendiek (Hrsg.), *Alte neue Ungleichheiten? Auflösungen und Neukonfigurationen von Erwerbs- und Familiensphäre* (S. 9–23). Verlag Barbara Budrich.

Wagner, G. G., Frick, J., & Schupp, J. (2007). The German Socio-Economic Panel Study (SOEP) – Scope. *Evolution and Enhancements. Schmollers Jahrbuch, 127*(1), 139–169.

West, C., & Zimmerman, D. H. (1987). Doing gender. *Gender and Society, 1*(2), 125–151. https://doi.org/10.1177/0891243287001002002.

West, C., & Zimmerman, D. H. (2002). Doing gender. In S. Fenstermaker & C. West (Hrsg.), *Doing gender, doing difference: Inequality, power, and institutional change* (S. 3–24). Routledge.

Witzel, A. (2000). Das problemzentrierte Interview. *Forum Qualitative Sozialforschung, 1*(1), Artikel 22.

Woltersdorff, V. (2013). Wandel, Persistenz, Paradoxie: Normalisierung und Prekarisierung von Sexualität und Geschlecht im Neoliberalismus. *PROKLA, 173*, 607–614.

Zimmermann, O. (2019). Der 'kritische' und 'neoliberale' Vereinbarkeitsdiskurs in der Alltagskommunikation berufstätiger Mütter. *GENDER, 11*(2), 121–137. https://doi.org/10.3224/gender.v11i2.09.

Printed in the United States
by Baker & Taylor Publisher Services